助力乡村振兴出版计划

【现代乡村社会治理系列】

农业农村法律法规实用手册

主编 王 伟

APGTIME 时代出版
时代出版传媒股份有限公司
安徽科学技术出版社

图书在版编目(CIP)数据

农业农村法律法规实用手册 / 王伟主编. --合肥:安徽科学技术出版社,2021.12
助力乡村振兴出版计划. 现代乡村社会治理系列
ISBN 978-7-5337-8548-2

Ⅰ.①农… Ⅱ.①王… Ⅲ.①农业法-中国-手册 Ⅳ.①D922.4-62

中国版本图书馆 CIP 数据核字(2021)第 268902 号

农业农村法律法规实用手册 主编 王伟

出 版 人:丁凌云 选题策划:丁凌云 蒋贤骏 余登兵 责任编辑:张楚武
责任校对:李 茜 责任印制:梁东兵 装帧设计:武 迪
出版发行:时代出版传媒股份有限公司 http://www.press-mart.com
安徽科学技术出版社 http://www.ahstp.net
(合肥市政务文化新区翡翠路 1118 号出版传媒广场,邮编:230071)
电话:(0551)63533330
印 制:安徽联众印刷有限公司 电话:(0551)65661327
(如发现印装质量问题,影响阅读,请与印刷厂商联系调换)

开本:720×1010 1/16 印张:8.5 字数:123 千
版次:2021 年 12 月第 1 版 2021 年 12 月第 1 次印刷

ISBN 978-7-5337-8548-2 定价:30.00 元

出版说明

“助力乡村振兴出版计划”(以下简称“本计划”) 以习近平新时代中国特色社会主义思想为指导，是在全国脱贫攻坚目标任务完成并向全面推进乡村振兴转进的重要历史时刻，由中共安徽省委宣传部主持实施的一项重点出版项目。

本计划以服务区域乡村振兴事业为出版定位，围绕乡村产业振兴、人才振兴、文化振兴、生态振兴和组织振兴展开，由《现代种植业实用技术》《现代养殖业实用技术》《新型农民职业技能提升》《现代农业科技与管理》《现代乡村社会治理》五个子系列组成，主要内容涵盖特色养殖业和疾病防控技术、特色种植业及病虫害绿色防控技术、集体经济发展、休闲农业和乡村旅游融合发展、新型农业经营主体培育、农村环境生态化治理、农村基层党建等。选题组织力求满足乡村振兴实务需求，编写内容努力做到通俗易懂。

本计划的呈现形式是以图书为主的融媒体出版物。图书的主要读者对象是新型农民、县乡村基层干部、“三农”工作者。为扩大传播面、提高传播效率，与图书出版同步，配套制作了部分精品音视频，在每册图书封底放置二维码，供扫码使用，以适应广大农民朋友的移动阅读需求。

本计划的编写和出版，代表了当前农业科研成果转化和普及的新进展，凝聚了乡村社会治理研究者和实务者的集体智慧，在此谨向有关单位和个人致以衷心的感谢！

虽然我们始终秉持高水平策划、高质量编写的精品出版理念，但因水平所限仍会有诸多不足和错漏之处，敬请广大读者提出宝贵意见和建议，以便修订再版时改正。

本册编写说明

党的十八届四中全会审议通过的《中共中央关于全面推进依法治国若干重大问题的决定》,首次以依法治国为主题,对全面推进依法治国作出了重大部署。2020年11月召开的中央全面依法治国工作会议,习近平总书记用“十一个坚持”系统阐述了新时代推进全面依法治国的重要思想和战略部署,深入回答了我国社会主义法治建设一系列重大理论和实践问题,形成了内涵丰富、科学系统的习近平法治思想,为建设法治中国指明了前进方向。

农业农村法治建设是社会主义法治建设的重要组成。我们从农业农村工作实践的角度出发,组织编写了《农业农村法律法规读本》。

本书全面贯彻习近平新时代中国特色社会主义思想,以习近平治国理政思想为引领,以法学基本理论为依托,以我国现有农业农村法律法规为基础,紧密结合农业农村现代化建设的发展实际,围绕农业农村法治建设的内容和基本环节展开介绍。

本书的编写体例、内容凝结着众人的智慧和作者的合作精神。全书由安徽农业大学经济管理学院王伟教授统稿定稿,各章节撰稿人依次为:第一章“农业农村政策与法治保障”,王伟;第二章“农业基本法律制度”,杨诚、王伟;第三章“农村土地法律制度”,张云燕、王伟;第四章“农产品贸易法律制度”,赵建东、王伟;第五章“农业环境资源法律制度”,王伟;第六章“农产品质量与安全法律制度”,王伟;第七章“农村劳动与社会保障法律制度”,武海峰。本书的体系完整、结构合理,内容翔实、全面;详略适当,重点突出;继承与创新兼具,尊重历史并与时俱进;观点明确,分析论证层次分明,文字简练通顺;引用法律条文准确、适当。

本书在撰写过程中,广泛参阅了国内外相关材料和有关研究成果,由于为数较多,恕不一一列举,在此谨向这些资料的作者致以谢意。

目　录

第一章 农业农村政策与法治保障

第一节 法、法律、法治的基本理论

一 法及法的本质

1.法及法的渊源

法是反映统治阶级意志，由国家制定或认可并以国家强制力保证实施的行为规范体系，它通过规定人们在相互关系中的权利和义务，确认、保护和发展对统治阶级有利的社会关系和社会秩序，是统治阶级实现阶级统治和社会管理的工具。

法的渊源是指一定的国家机关依照法定职权和程序制定或认可的具有不同法律效力和地位的法的不同表现形式。我国法的渊源是以宪法为核心、以制定法为主。

2.法的本质

法的本质是一个重要的法学理论问题。马克思主义创始人认为:法是国家意志的表现，法是掌握国家政权的阶级意志的表现，法的内容由统治阶级的物质生活条件决定。

3.法治国家的基本要求

法治国家必须确立法律在社会生活和国家生活的一切领域居于至

高无上的地位，享有崇高的威望，得到普遍的遵守和广泛的认同，法律在调控社会生活方面发挥基础的主导作用，其他社会规范在法律统率下发挥作用。

法律的权威性要求任何政党、团体、国家机关和个人都必须服从法律，在宪法和法律的范围内活动，具体来说：要求政府的权力必须以法律为依据，来源于法律，并依法行使；要求建立权力运行秩序，消除任何不受法律限制的权力；要求保证法律的稳定性和连续性，任何政党和机构都不能擅自改变法律，只能由国家立法机构在必要时按照既定的法律程序修改或者废除某些法律。

二 我国社会主义法律制度的本质特征

1.中国特色社会主义法律体系

(1)中国特色社会主义法律体系的定义

中国特色社会主义法律体系，是指自我国改革开放以来，享有立法权和司法解释权的国家机关，坚持在中国共产党的领导下，为保障人民民主专政的国家政权及国家、集体和公民个人的合法权利而制定并修正的宪法、法律、行政法规、司法解释和地方性法规而建立起来的法律体系的总称。

(2)中国特色法律体系的内容

中国特色法律体系包括宪法及宪法相关法、民法商法、行政法、经济法、社会法、刑法、诉讼与非诉讼程序法等七个部门法律，由法律、行政法规、地方性法规三个层次构成。

2.中国特色社会主义法律制度的本质特征

在阶级社会中，法律是统治阶级的意志的体现。改革开放以来，我国社会主义法制建设取得了举世瞩目的成就，与新中国成立初期到改革开放以前相比，社会经济结构、分配形式、公民地位等有着很大的不同，现阶段我国社会主义法律制度具有以下本质特征：阶级性与人民性相统一，意志性与规律性相统一，人与人之间相互平等的法律形式与现实保障相统一，国家强制性与自觉遵守性相统一。

因此，我国的法律不能简单地理解为统治阶级意志的体现，而是全国各族人民共同意志和根本利益的体现。

第二节　农业农村现代化与法治建设

一　党的政策与农业农村法治建设

党的十八届四中全会通过的《中共中央关于全面推进依法治国若干重大问题的决定》，提出加强农业农村法治建设必须抓住重点领域和关键环节。一是始终牢固树立法治意识，坚定法治信仰、坚守法治理念、坚持法治精神，提高法治思维和依法办事能力。二是形成完备的农业法律法规体系。三是全面加强农业法律实施。与法律制定相比，农业法律实施还是短板。四是高效的农业行政执法体系、健全的依法行政工作机制。五是以有效的法治宣传教育机制为重点。主题是全面提升农业法治化水平。

农村稳则天下安，农业兴则基础牢，农民富则国家盛。2017 年 10 月 18 日，习近平总书记在十九大报告中，就“三农”工作提出很多新概念、新表述，并首次提出“实施乡村振兴战略”。

2018 年 2 月 4 日《中共中央　国务院关于实施乡村振兴战略的意见》（以下简称《意见》）的颁布，对实施乡村振兴战略进行了全面部署，《意见》中还有一系列“禁止性规定”，哪些事情不能干、哪些事情是被禁止的、哪些事情会被严厉处罚等，都有一系列法律规定。

2020年10月29日通过的《中共中央关于制定国民经济和社会发展第十四个五年规划和二〇三五年远景目标的建议》提出，展望2035年，我国将基本建成法治国家、法治政府、法治社会。在“乡村振兴”方面提出了十件要办的大事：①坚持最严格的耕地保护制度，深入实施藏粮于第、藏粮于技战略，加大农业水利设施建设力度；②完善粮食生产区利益补偿机制；③保障粮、棉、油、肉等重要农产品供给安全，提升收储调控能力；④完善乡村水、电、路、气、通信、广播电视、物流等基础设施，提升农房建设质量；⑤把乡镇建设成服务农民的区域中心；⑥落实第二轮土地承包到期后再延长三十年政策；⑦探索宅基地所有权、资格权、使用权分置实现形式；⑧保障进城落户农民土地承包权、宅基地使用权、集体收益分配权，鼓励依法自愿有偿转让；⑨建立农村低收入人口和欠发达地区帮扶机制；⑩在西部地区脱贫县中支持一批乡村振兴重点帮扶县。每一项工作都离不开法律的保障。

二 我国涉及农业的主要法律

①《中华人民共和国民法典》（第十三届全国人民代表大会第三次会议于2020年5月28日通过，自2021年1月1日起施行）；②《中华人民共和国农业法》；③《中华人民共和国农民专业合作社法》；④《中华人民共和国粮食法》；⑤《中华人民共和国水污染防治法》；⑥《中华人民共和国农村土地承包法》；⑦《中华人民共和国土地管理法》；⑧《中华人民共和国电子商务法》；⑨《中华人民共和国外商投资法》；⑩《中华人民共和国乡村振兴促进法》（2021年4月29日第十三届全国人民代表大会常务委员会第二十八次会议通过，自2021年6月1日起施行）；⑪《中国人民银行法》；⑫《中华人民共和国商业银行法》。

第二章 乡村振兴法律制度

第一节 农业基本法律制度

一 《中华人民共和国农业法》主要内容

1.《中华人民共和国农业法》概述

农业法是保障农业在国民经济中的基础地位，维护农业生产经营组织和农业劳动者合法权益，促进农业和农村市场经济发展的重要法律。《中华人民共和国农业法》不仅是指导和统率农业经济活动的基本法律，而且也是制定各项农业经济具体法律法规的直接法律依据。

现行的《中华人民共和国农业法》1993 年 7 月 2 日颁布，2012 年 12 月 28 日第二次修正，2013 年 1 月 1 日正式实施生效。

农业生产活动是一个生产、交换、分配、消费周而复始的社会再生产过程，同时又是一个对投入、资源、环境和科技高度依赖的社会经济部门。因此，《中华人民共和国农业法》的适用范围包括农业的产前、产中、产后，即把农业的产前、产中、产后诸环节作为一个整体列入中华人民共和国农业法的调整对象范围。《中华人民共和国农业法》所涉及的农业问题都是宏观上的，具体的规定在相关的法律中。

《中华人民共和国农业法》共有十三章，其框架结构为第一章：总则；

第二章:农业生产经营体制;第三章:农业生产;第四章:农产品流通与加工;第五章:粮食安全;第六章:农业投入与支持保护;第七章:农业科技与农业教育;第八章:农业资源与农业环境保护;第九章:农民权益保护;第十章:农村经济发展;第十一章:执法监督;第十二章:法律责任;第十三章:附则。共计99条。

2.《中华人民共和国农业法》的指导思想与基本原则

《中华人民共和国农业法》的指导思想是以国家基本法的形式确立农业、农村在国民经济和社会发展中的基础地位，把党和国家发展农村社会主义市场经济围绕建设社会主义新农村“生产发展、生活宽裕、乡风文明、村容整洁、管理民主”的二十字方针和基本政策规范化、法律化，为农业和农村持续、稳定、健康发展提供必要的制度保障。

(1)为新形势下落实党中央农业和农村政策提供法律保障。《中华人民共和国农业法》根据农业发展新阶段的要求,以建立和完善适应社会主义市场经济的农村经济体制,调整和优化农业和农村经济结构,提高农业的整体素质和效益,发展农业生产力,促进农业现代化和增加农民收入为目标，将中央提出的农业和农村工作方面的基本政策和重要措施,以及实践中的成功经验和做法,上升为法律规范。

(2)为新阶段全面建设社会主义新农村提供法律保障。建设社会主义新农村重点在农村,难点在农民。推进社会主义新农村建设,必须以增加农民收入、增加农业综合效益、增强农产品竞争力为目标,以推进农业和农村经济结构战略性调整为主线,以科技创新、体制创新、机制创新为手段,重点建设农业科技创新与技术服务体系、农产品质量安全体系、农产品市场体系、市场信息服务体系和农业行政管理与执法体系。《中华人民共和国农业法》把提高农业整体素质、提高农业效益、提高农民收入确定为农业和农村经济发展的重要目标,并就如何加强上述五大体系建设规定了一系列法律措施。

(3)《中华人民共和国农业法》成为新世纪农村政治文明建设的推进器,把发展社会主义民主政治,建设社会主义政治文明,确定为全面新农村建设的重要目标,明确“发展社会主义民主政治,最根本的是要把坚持党的领导、人民当家做主和依法治国有机地结合起来”。依法治农是实施依法治国方略的重要组成部分。

3.《中华人民共和国农业法》的基本原则

根据农业法的上述指导思想,《中华人民共和国农业法》贯彻了以下几项原则: 强化保障措施,保护农业农村发展;巩固农村改革成果,推进农村市场经济发展与改革;适应农村一体化发展要求,整体考虑“三农问题”;切实保护农民权益,明确行政和司法救济措施。

(1)强化保障措施,保护农业农村发展。《中华人民共和国农业法》是一部农业发展法,是新阶段农业发展的保障措施。它明确了农业结构调整的方向和重点,确立了农产品质量安全和粮食安全保障措施,建立了农业支持和保护机制以及农产品进口预警机制,规定了促进城乡经济协调发展、逐步缩小城乡差别的基本措施。

(2)巩固农村改革成果, 推进农村市场经济发展与改革。《中华人民共和国农业法》是一部农村改革促进法, 确立了农村改革的基本方向。《中华人民共和国农业法》确立了国家长期稳定农村以家庭承包经营为基础、统分结合的双层经营体制;实行农村土地承包经营制度,依法保障农村土地承包关系长期稳定,保护土地承包人的合法权益;确立了农民专业合作经济组织的法律地位和组织原则;明确了农产品行业协会的法律地位和职责;提出了农产品购销实行市场调节和农产品市场体系建设的原则;规定了农村金融和农业保险发展的方向。这些规定,既肯定了农村改革的成果,又考虑了农业发展的前瞻性,必将对深化农村改革产生积极的促进作用。

(3)适应城乡一体化发展要求。《中华人民共和国农业法》是一部农业基本法,为了适应农业一体化发展的要求,将与种植业、林业、畜牧业和渔业直接相关的产前、产中、产后服务活动,以及农产品加工和市场信息服务的内容纳入了法律的调整范围。

(4)切实保护农民权益,明确行政和司法救济措施。《中华人民共和国农业法》特别强调对农民权益的保护,重点从以下几个方面进行。一是保护农民土地权益。国家实行土地承包经营制度,依法保障农民土地承包经营关系的长期稳定,保护农民对土地的使用权。二是减轻农民负担。规范农村收费行为,机关单位向农民、农业生产经营组织收取行政、事业性费用,要有法可依、有据可查。三是保障农民物质利益和农民权利。村务管理制度里,农民与农村基层民主管理,农村居民通过民主选举、民主决策、民主管理、民主监督,自主决策自己的事务,规定了保护农民权益的行政和司法救济措施等内容。四是保护农民参与经济活动的权益。农产品收购单位,不能向农民"打白条",不能压级压价,不能在支付的价款中非法扣缴任何费用。农民因生产资料质量遭受损失的,该生产经营者应当予以赔偿。

二 《中华人民共和国乡村振兴促进法》主要内容

《中华人民共和国乡村振兴促进法》由中华人民共和国第十三届全国人民代表大会常务委员会第二十八次会议于 2021 年 4 月 29 日通过,自 2021 年 6 月 1 日起施行。

《中华人民共和国乡村振兴促进法》共十章,七十四条。 第一章:总则; 第二章:产业发展; 第三章:人才支撑; 第四章:文化繁荣; 第五章:生态保护 ;第六章:组织建设; 第七章:城乡融合; 第八章:扶持措施; 第九章:监督检查;第十章:附则。

《中华人民共和国乡村振兴促进法》为全面实施乡村振兴战略提供有力的法治保障,对于促进农业全面升级、农村全面进步、农民全面发展,全面建设社会主义现代化国家,实现中华民族伟大复兴中国梦,具有重要意义。

1.《中华人民共和国乡村振兴促进法》的主要特点

作为乡村振兴重要抓手的乡村建设行动法律,其主旨是坚持走中国特色社会主义乡村振兴道路,坚持乡村全面振兴,坚持农业农村优先发展,坚持城乡融合发展等,尤其是坚持农民主体地位,将维护农民主体地位、尊重农民意愿、保障农民合法权益摆在突出位置、贯穿法律始终,充分调动农民的积极性、主动性、创造性,真正使农民成为乡村振兴的参与者、支持者和受益者。《中华人民共和国乡村振兴促进法》关注的重点有:

(1)乡村振兴的主体是农民

充分尊重广大农民意愿,调动广大农民积极性、主动性、创造性,把广大农民对美好生活的向往化为推动乡村振兴的动力,把维护广大农民根本利益、促进广大农民共同富裕作为出发点和落脚点。制定乡村振兴促进法,坚持以人民为中心的思想,将坚持农民主体地位、维护农民根本利益作为基本遵循。

在乡村治理方面,明确完善农村基层群众自治制度,健全村民委员会民主决策机制和村务公开制度等。

在乡村建设方面,加强农村住房建设管理和服务,严格禁止违法占用耕地建房等。

在社会保障方面,完善城乡统筹的社会保障制度,加强对农村留守儿童、妇女和老年人,以及残疾人、困境儿童的关爱服务等。在促进产业发展和农民增收方面,规定了发展壮大集体经济、促进乡村产业发展的一系列举措。在公共服务方面，提出了实现基本公共服务均等化的明确要求。

(2)乡村振兴的实现形式

乡村建设行动是全面推进乡村振兴的重要抓手，是通过产业发展、人才支撑、文化繁荣、生态保护、组织建设、城乡融合、扶持措施、监督检查等实现农村的产业兴旺、生态宜居、乡风文明、治理有效、生活富裕。

一是规划引领。明确要坚持因地制宜、规划先行、循序渐进，顺应村庄发展规律，按照方便群众生产生活、保持乡村功能和特色的原则，因地制宜安排村庄布局，依法编制村庄规划，分类有序推进村庄建设。同时，针对个别地方合村并居中损害农民利益的现象，规定要严格规范村庄撤并，严禁违背农民意愿、违反法定程序撤并村庄。

二是建强硬件。要求地方政府统筹规划、建设、管护城乡道路、垃圾污水处理、消防减灾等公共基础设施和新型基础设施，推动城乡基础设施互联互通；综合整治农村水系，治理农村垃圾和污水，推广卫生厕所，持续改善农村人居环境。

三是抓好软件。要求发展农村社会事业，促进公共教育、医疗卫生、社会保障等资源向农村倾斜等措施，逐步健全全民覆盖、普惠共享、城乡一体的基本公共服务体系。

四是保护传统村落。法律要求地方政府应当加强对历史文化名城、名镇名村、传统村落和乡村风貌、少数民族特色村寨的保护等，为乡村传统村落和文化的保护提供法治保障。

第二节　农业主体法律制度

一　公司法律制度

1.有限责任公司

(1)有限责任公司的特点

有限责任公司是指股东以出资额为限对公司承担责任、公司以全部资产为限对公司债务承担责任的企业法人。

有限责任公司为德国首创于1892年,以后为许多国家所采用。我国1979年在《中华人民共和国中外合资经营企业法》中正式采用了有限责任公司的形式,1993年又在《中华人民共和国公司法》(以下简称《公司法》)中设专章规范有限责任公司。

有限责任公司对于中小规模的企业是比较理想的模式，其优点在于:一是投资者风险较小,易于筹集资本;二是设立手续简单,机构简单,便于组织管理;三是股东人数较少,相互了解信任,内部关系密切;四是资本确定,人员稳定,对外信用牢固。

(2)我国有限责任公司的设立条件

按照《公司法》规定,设立有限责任公司应当具备下列条件:

一是股东人数符合法律规定。股东可以是公民,也可以是法人或者其他组织。股东一般为2人以上、50人以下,但一人公司和国有独资公司例外。二是有符合公司章程规定的全体股东认缴的出资额。三是股东共同制定公司章程。四是有公司名称,并建立符合法律规定的组织机构。五是有公司的住所。

(3)有限责任公司的股权

有限责任公司成立后，应当向股东签发由公司盖章的出资证明书。除了向股东签发出资证明书外,公司还应当置备股东名册,应当将股东的姓名或者名称向公司登记机关登记;登记事项发生变更的,应当办理变更登记。未经登记或者变更登记的,不得对抗第三人。

股东有权出席或者委托代表出席股东会并行使表决权,有权查阅股东会会议记录和公司财务会计报告,有权依法转让股份,有权按出资比例分取红利,公司新增资本时还有优先认缴出资的权利。

(4)有限责任公司的组织机构

有限责任公司的组织机构包括 3 个部分:股东会、董事会及经理、监事会,分别作为公司的权力机构、执行机构和监察机构。为了适应小型企业的需要,《公司法》规定,有限责任公司的执行机构和监察机构可以减少为 1 名执行董事和 1 名监事。

2.股份有限公司

(1)股份有限公司的设立条件

股份有限公司是指股东以其认购的股份为限对公司承担责任,公司以全部资产为限对公司债务承担责任的企业法人。

设立股份有限公司,应当具备下列条件:一是发起人符合法定人数;二是有符合公司章程规定的全体发起人认购的股本总额或者募集的实收股本总额;三是股份发行、筹办事项符合法律规定;四是发起人制定公司章程,采用募集方式设立的经创立大会通过;五是有公司名称,建立符合股份有限公司要求的组织机构;六是有公司住所。

(2)股份有限公司的组织机构

一是股东大会，股份有限公司股东大会由全体股东组成。股东大会是公司的权力机构,《公司法》关于有限责任公司股东会职权的规定,适用于股份有限公司股东大会。

二是董事会、经理，股份有限公司设董事会，其成员为5~19人。董事会成员中可以有公司职工代表。董事会中的职工代表由公司职工通过职工代表大会、职工大会或者其他形式民主选举产生。

三是监事会，股份有限公司设监事会，其成员不得少于3人。监事会应当包括股东代表和适当比例的公司职工代表，其中职工代表的比例不得低于1/3，具体比例由公司章程规定。监事会中的职工代表由公司职工通过职工代表大会、职工大会或者其他形式民主选举产生。

二 农民专业合作社法律制度

1. 农民专业合作社概述

（1）农民专业合作社的概念

农民专业合作社是在农村家庭承包经营基础上，同类农产品的生产经营者或者同类农业生产经营服务的提供者、利用者，自愿联合、民主管理的互助性经济组织。

农民专业合作社以其成员为主要服务对象，提供农业生产资料的购买，农产品的销售、加工、运输、贮藏，以及与农业生产经营有关的技术、信息等服务。

（2）合作社与村民委员会的关系

农民专业合作社和村民委员会是两种性质不同的组织。专业合作社是互助性的经济组织，而村民委员会是村民对于自己村内的事务进行管理的组织，性质是完全不一样的。农民专业合作社和村民委员会的成员范围不同。农民专业合作社除本村的村民参加以外，还可以吸收外村、外乡的村民入社，专业合作社还允许团体成员存在。村民委员会只有由本村的村民选举产生，更不存在团体成员。

2.农民专业合作社的设立

设立农民专业合作社,应当具备下列条件:①有五名以上合法的成员;②有符合本法规定的章程;③有符合本法规定的组织机构;④有符合法律、行政法规规定的名称和章程确定的住所;⑤有符合章程规定的成员出资。

设立农民专业合作社应当召开由全体设立人参加的设立大会。设立时,自愿成为该社成员的人为设立人。

三 家庭农场法律制度

1.家庭农场的概念

家庭农场是新型农业经营主体, 以农民家庭成员为主要劳动力,以农业经营收入为主要收入来源,利用家庭承包土地或流转土地,从事规模化、集约化、商品化农业生产,保留了农户家庭经营的内核,坚持了家庭经营的基础性地位,适合我国基本国情,符合农业生产特点,契合经济社会发展阶段,是农户家庭承包经营的升级版,已成为引领适度规模经营、发展现代农业的有生力量。

2.家庭农场的法律特征

《农业部关于促进家庭农场发展的指导意见》规定,我国家庭农场主要包含下列三项基本特征:

(1)家庭农场经营者主要是农民或其他长期从事农业生产的人员,主要依靠家庭成员而不是依靠雇工从事生产经营活动。

(2)家庭农场专门从事农业,主要进行种养业专业化生产,经营者大多接受过农业教育或技能培训,经营管理水平较高,示范带动能力较强,具有农产品生产能力。

(3)家庭农场经营规模适度,种养规模与家庭成员的劳动生产能力和经营管理能力相适应，符合当地确定的规模经营标准，收入水平能与当地城镇居民相当，以实现较高的土地产出率、劳动生产率和资源利用率。

第三章 农村土地法律制度

第一节 土地管理法律制度

一 土地管理法律制度概述

土地是人类赖以生存和发展的物质基础，是社会生存活动中最基本的生产资料，因此被称为“财富之母”。同时它又是各种动植物栖息、繁衍和生长发育的场所。目前，土地资源主要由耕地、林地、草地、荒地、滩涂、山岭、各种建设用地、军事用地等组成。土地资源具有固定性、整体性、生产性、有限性、不可替代性等特征。我国关于土地资源保护的法律法规主要有《中华人民共和国土地管理法》(1986 年 6 月 25 日通过，2019 年 8 月 26 日第三次修正)和《中华人民共和国土地管理法实施条例》(1998 年 12 月 27 日发布，2021 年 7 月 2 日第三次修订)。

《中华人民共和国土地管理法》共八章，八十七条。第一章：总则；第二章：土地的所有权和使用权；第三章：土地利用总体规划；第四章：耕地保护；第五章：建设用地；第六章：监督检查；第七章：法律责任；第八章：附则。

1.《中华人民共和国土地管理法》的立法目的

为了加强土地管理，维护土地的社会主义公有制，保护、开发土地资源，合理利用土地，切实保护耕地，促进社会经济的可持续发展。

十分珍惜、合理利用土地和切实保护耕地是我国的基本国策。

2.土地的所有权、使用权和承包经营权

土地的所有权和使用权是土地法律制度的重要内容,土地权属的确认对土地的开发、利用和保护有着重要影响。土地承包经营权(以下简称“承包经营权”)是反映我国经济体制改革中农村承包经营关系的新型物权。

(1)土地所有权

根据宪法和法律的规定,我国实行土地社会主义公有制。中华人民共和国领土范围内的土地均属于全民所有制和劳动群众集体所有制。全民所有,即国家所有土地的所有权由国务院代表国家行使。

《中华人民共和国土地管理法》第九条规定:城市市区的土地属于国家所有。农村和城市郊区的土地,除由法律规定属于国家所有的以外,属于农民集体所有;宅基地和自留地、自留山属于农民集体所有。

(2)土地使用权

国有土地使用权。《中华人民共和国土地管理法》第十条规定:国有土地和农民集体所有的土地,可以依法确定给单位或者个人使用。使用土地的单位和个人,有保护、管理和合理利用土地的义务。

集体土地使用权。《中华人民共和国土地管理法》第十一条规定:农民集体所有的土地依法属于村农民集体所有的,由村集体经济组织或者村民委员会经营、管理;已经分别属于村内两个以上农村集体经济组织的农民集体所有的,由村内各该农村集体经济组织或者村民小组经营、管理;已经属于乡(镇)农民集体所有的,由乡(镇)农村集体经济组织经营、管理。

这一规定使我国农村普遍存在的乡镇企业可以使用集体所有的土地,为乡镇企业的进一步发展和农村经济的振兴提供了法律保障。

(3)土地的承包经营权

土地承包经营权分为承包权和经营权,实行所有权、承包权、经营权(以下简称“三权”)分置并行。“三权”分置对明晰土地产权关系,更好地维护农民集体、承包农户、经营体的权益,促进土地资源合理利用,构建新型农业经营体系,发展多种形式适度规模经营,提高土地产出率、劳动生产率和资源利用率,推动现代农业发展将起到更好的作用。

《中华人民共和国土地管理法》第十三条规定,农民集体所有和国家所有依法由农民集体使用的耕地、林地、草地以及其他依法用于农业的土地,采取农村集体经济组织内部的家庭承包方式承包,不宜采取家庭承包方式的荒山、荒沟、荒丘、荒滩等,可以采取招标、拍卖、公开协商等方式承包,从事种植业、林业、畜牧业、渔业生产。国家所有依法用于农业的土地可以由单位或者个人承包经营,从事种植业、林业、畜牧业、渔业生产。

二 土地基本制度的主要内容

1.土地的确权登记

国家实行不动产统一登记制度,土地的所有权和使用权的登记,依照有关不动产登记的法律、行政法规执行。

土地登记的法律效力,《中华人民共和国土地管理法》第十二条规定“依法登记的土地的所有权和使用权受法律保护,任何单位和个人不得侵犯”。只有经过登记的土地物权,包括所有权、使用权及他项权利,才具有公示力和公信力,才能在法律上对抗第三人。对于依法登记的土地所有权和使用权,任何单位和个人不得侵犯。

2.国家实行土地督察制度

《中华人民共和国土地管理法》第六条规定:国务院授权的机构对省、自治区、直辖市人民政府以及国务院确定的城市人民政府土地利用和土地管理情况进行督察。

3.土地争议解决制度

《中华人民共和国土地管理法》第十四条规定:土地所有权和使用权争议,由当事人协商解决;协商不成的,由人民政府处理。单位之间的争议,由县级以上人民政府处理;个人之间、个人与单位之间的争议,由乡级人民政府或者县级以上人民政府处理。当事人对有关人民政府的处理决定不服的,可以自接到处理决定通知之日起三十日内,向人民法院起诉。在土地所有权和使用权争议解决前,任何一方不得改变土地利用现状。

4.实行耕地占用补偿制度

国家保护耕地,严格控制耕地转为非耕地,国家实行占用耕地补偿制度。《中华人民共和国土地管理法》第三十条规定:非农业建设经批准占用耕地的,按照“占多少,垦多少”的原则,由占用耕地的单位负责开垦与所占用耕地的数量和质量相当的耕地;没有条件开垦或者开垦的耕地不符合要求的,应当按照省、自治区、直辖市的规定缴纳耕地开垦费,专款用于开垦新的耕地。

《中华人民共和国土地管理法》第三十条规定:为了公共利益的需要,有下列情形之一,确需征收农民集体所有的土地的,可以依法实施征收。征收土地应当发布征收土地预告,并开展拟征收土地现状调查和社会稳定风险评估。《中华人民共和国土地管理法》第四十八条规定:征收土地应当给予公平、合理的补偿,保障被征地农民原有生活水平不降低、长远生计有保障。征收土地应当依法及时足额支付土地补偿费、安置补助费以及农村村民住宅、其他地上附着物和青苗等的补偿费用,并安排被征地农民的社会保障费用。

5.永久基本农田保护制度

(1)基本农田的范围

《中华人民共和国土地管理法》第三十三条规定：国家实行永久基本农田保护制度，下列耕地应当根据土地利用总体规划划为永久基本农田，严格管理，实行特殊保护：①经国务院有关主管部门或者县级以上地方人民政府批准确定的粮、棉、油、糖等重要农产品生产基地内的耕地；②有良好的水利与水土保持设施的耕地，正在实施改造计划以及可以改造的中、低产田；③蔬菜生产基地；④农业科研、教学试验田；⑤国务院规定应当划为永久基本农田的其他耕地。

(2)基本农田保护区的耕地实行特殊保护制度

根据《中华人民共和国土地管理法》《中华人民共和国基本农田保护条例》的有关规定，主要有以下措施。一是严格控制耕地占用。永久基本农田经依法划定后，任何单位和个人不得擅自占用或者改变其用途。国家能源、交通、水利、军事设施等重点建设项目选址确实难以避让永久基本农田、涉及农用地转用或者土地征收的，必须经国务院批准。二是上收征地审批权限。《中华人民共和国土地管理法》第四十四条规定：征用基本农田的，一律由国务院批准。三是限制开发区占用基本农田保护区内的耕地，设立开发区一般不准占用基本农田保护区内的耕地。四是非农业建设批准占用基本农田保护区内的耕地的，实行耕地占用补偿。五是禁止在基本农田保护区内占用耕地建窑、建坟或者擅自在耕地上建房、挖砂、采石、采矿、取土等；禁止占用基本农田发展林果业和挖塘养鱼以及擅自将基本农田保护区内的耕地转为非耕地等。

6. 农村宅基地管理制度

《中华人民共和国基本农田保护条例》第三十五条、第三十六条规定，农民依法取得的宅基地和宅基地上农村村民住宅及其附属设施受法律保护。国家允许进城落户的农村村民依法自愿有偿退出宅基地。

第二节　农村土地承包法律制度

一　农村土地承包法律制度概述

《中华人民共和国农村土地承包法》(以下简称《农村土地承包法》)于2003年3月1日起施行。2018年12月29日进行第二次修正。《农村土地承包法》用法律的形式对土地承包中涉及的重要问题做出规定,进一步稳定了党在农村的土地承包政策,其目的是为了巩固和完善以家庭承包经营为基础、统分结合的双层经营体制。保持农村土地承包关系稳定并长久不变,维护农村土地承包经营当事人的合法权益,促进农业、农村经济发展和农村社会和谐稳定,具有深远意义。

《农村土地承包法》共五章,七十条。第一章:总则;第二章:家庭承包;第三章:其他方式的承包;第四章:争议的解决和法律责任;第五章:附则。重点涉及以下内容:一是发包方和承包方的权利和义务,二是承包的原则和程序,三是承包期限和承包合同,四是土地承包经营权的保护和互换、转让,五是土地经营权。

1.《农村土地承包法》调整的范围

《农村土地承包法》所称的农村土地,是指农民集体所有和国家所有并依法由农民集体使用的耕地、林地、草地以及其他依法用于农业的土地。该法对农村土地的概念从所有制关系和土地的类别两个方面进行了界定。从所有制关系上看,包括农民集体所有的土地中的农业用地和国家所有依法由农民集体使用的农业用地。从土地类别上看,主要是耕地、林地和草地,也包括荒山、荒丘、荒沟、荒滩"四荒"土地以及养殖水面等。

因此，凡是由农民集体所有或者使用，用于农业生产又适合承包的土地，都属于《农村土地承包法》调整的范围。

2.农村土地承包的基本原则

(1)保护农村土地承包关系的长期稳定

第一，赋予农民长期而稳定的承包经营权。《农村土地承包法》规定了农户比较长的承包期，如耕地的承包期为三十年，草地的承包期为三十年至五十年，林地的承包期为三十年至七十年。前款规定的耕地承包期届满后再延长三十年，草地、林地承包期届满后依照前款规定相应延长。

第二，明确发包方和承包方的权利和义务。《农村土地承包法》第十四条、第十五条、第十七条、第十八条分别规定了发包方和承包方的权利、义务。

第三，加强对土地承包经营权的保护。《农村土地承包法》主要规定了在承包期内，除法律规定的情形外，发包方不得收回承包地。除因自然灾害严重毁损承包地等特殊情形，发包方不得调整承包地，承包地的调整要严格按照法定程序进行。

第四，土地承包经营权可以依法流转。《农村土地承包法》保护承包方依法、自愿、有偿地进行土地承包经营权流转，土地流转应坚持平等协商、等价有偿，要有规范的合同。

第五，明确相关的法律责任。农村土地承包法规定，任何组织和个人侵害承包方的土地承包经营权的，都应当承担法律责任。

(2)保护妇女的土地承包经营权

为了贯彻男女平等的宪法原则，《农村土地承包法》规定，农村土地承包，妇女与男子享有平等的权利。承包中应当保护妇女的合法权益，任何组织和个人不得剥夺、侵害妇女应当享有的土地承包经营权。

(3)土地承包应当公开、公平、公正

公开原则主要指:一是进行承包活动的信息要公开;二是承包的程序要公开;三是承包方案和承包结果要公开。公平原则主要指本集体经济组织依法平等地享有、行使承包本集体经济组织土地的权利。公正原则主要是指在承包过程中,要严格按照法定的条件和程序办事,同等地对待每一个发包方和承包方。

(4)遵守法律、法规,保护土地资源

保护土地资源的合理开发和可持续利用,政府以及土地承包当事人应做到以下两个方面:第一,各级人民政府应当依法采取措施,全面规划,严格管理、保护、开发土地资源,制止非法占用土地的行为;第二,法律规定了作为集体土地的所有人和土地承包的当事人的法律责任。

(5)保护承包双方当事人的合法权益

《农村土地承包法》第八条规定:国家保护集体土地所有者的合法权益,保护承包方的土地承包经营权,任何组织和个人不得侵犯。

(6)保护土地承包经营权的依法流转

保护土地承包经营权的依法流转,主要体现在:第一,农村土地流转要在长期稳定家庭承包经营的前提下进行;第二,农村土地承包经营权流转必须在农民自愿的前提下进行;第三,土地流转必须依法进行,不得违法改变土地的农业用途;第四,土地流转还必须坚持有偿原则。农村土地的家庭承包户有权从土地流转中获得合法收益,所获得的收益受法律保护,任何组织和个人不得擅自截留、扣缴。

3.农村土地承包的原则、方式和程序

(1)农村土地承包的原则

土地承包应当遵循以下原则:一是按照规定统一组织承包时,本集体经济组织成员依法平等地行使承包土地的权利,也可以自愿放弃承包

土地的权利；二是民主协商，公平合理；三是承包方案应当按照本法第十三条的规定，依法经本集体经济组织成员的村民会议三分之二以上成员或者三分之二以上村民代表的同意；四是承包程序合法。

（2）农村土地的承包方式

农村土地的承包方式分为家庭承包和其他承包方式。家庭承包方式是指农村集体经济组织的农户家庭全体成员为一个生产经营单位，作为承包方承包集体的土地，对于承包地按照集体经济组织成员人人有份的方式进行承包。其他承包方式的对象是指不宜采取家庭承包方式的荒山、荒沟、荒丘、荒滩等农村土地。

（3）农村土地承包的程序

《农村土地承包法》明确规定了土地承包的程序，承包程序应当符合法律的规定，违反法律规定的承包程序进行的承包是无效的。具体包括：第一，本集体经济组织成员的村民会议选举产生承包工作小组；第二，承包工作小组依照法律、法规的规定拟订并公布承包方案；第三，依法召开本集体经济组织成员的村民会议，讨论通过承包方案；第四，公开组织实施承包方案；第五，签订承包合同。

4.农村土地承包争议的解决

土地承包经营纠纷主要是指在土地承包过程中发包方与承包方发生的纠纷，也包括土地承包当事人与第三人发生的纠纷。《农村土地承包法》规定，如果承包方与发包方就土地承包经营权发生纠纷，其解决的途径有以下几种：

第一，当事人双方自行协商解决。第二，当事人双方也可请求村民委员会、乡（镇）人民政府调解。第三，当事人可向农村土地承包仲裁机构申请仲裁。第四，当事人向人民法院起诉。这四种解决纠纷的途径没有先后顺序，完全由当事人自己掌握、选择。

第四章 农产品贸易法律制度

第一节 合同法律制度

《中华人民共和国民法典》(以下简称《民法典》)2020年3月15日通过,自2021年1月1日起施行。《民法典》是社会主义市场经济的“基本法律”,是与老百姓“距离最近”的法律。《民法典》第三编用三个分编通则、典型合同、准合同对合同制度做了详细的规定。合同编是源于《民法典》的交易法规则,是规范和组织经济、鼓励交易、创造财富、维护交易安全与交易秩序的重要法律制度。

一 合同法律制度的基本规定

1.合同的概念和特征

合同是关于债的合意,是债产生的最主要的法律依据。《民法典》第四百六十四条规定:合同是民事主体之间设立、变更、终止民事法律关系的协议。婚姻、收养、监护等有关身份关系的协议,适用有关该身份关系的法律规定。《民法典》中所说的合同,是民事合同,是民事合同中的债权合同。身份合同不适用《民法典》。合同具有以下特征:

(1)主体的法律地位具有平等性。民法的基本属性和本质特征是调整平等主体之间的财产关系和人身关系。这种属性将其与非平等主体之间的协议区别开来。

(2)内容具有明确性与法律性。设立民事权利义务关系，是指当事人之间原本不存在的民事权利义务关系，而通过订立合同形成了某种特定的民事权利义务关系，如买卖关系、租赁关系。

(3)合同是一种协议。协议是指合同当事人意思表示达成一致，也就是“合意”。协议必须是两个或是两个以上的当事人所达成的；当事人做出了设立变更或者终止其民事权利义务的意思表示；当事人的意思表示达成一致。

依法成立的合同，受法律保护。依法成立的合同，仅对当事人具有法律约束力，但是法律另有规定的除外。

合同的种类主要包括：双务合同与单务合同，有偿合同与无偿合同，诺成合同与实践合同，要式合同与不要式合同，主合同与从合同；有名合同、无名合同、混合合同。

2.合同法律制度的基本原则

(1)平等原则。民事主体在民事活动中的法律地位一律平等。

(2)自愿原则。民事主体从事民事活动，应当遵循自愿原则，按照自己的意思设立、变更、终止民事法律关系。

(3)公平原则。民事主体从事民事活动，应当遵循公平原则，合理确定各方的权利和义务。

(4)诚信原则。民事主体从事民事活动，应当遵循诚信原则，秉持诚实，恪守承诺。

(5)守法与公序良俗原则。民事主体从事民事活动，不得违反法律，不得违背公序良俗。

(6)绿色原则。民事主体从事民事活动，应当有利于节约资源、保护生态环境。

3. 合同的订立

《民法典》第四百七十一条规定：当事人订立合同，可以采取要约、承诺或者其他方式。合同的订立，又称缔约，是合同当事人为设立、变更终止相互之间的民事权利义务关系而进行接触、协商并最终达成合意的民事法律行为。当事人的这种合意是双方意思自治的结果。

(1)合同订立的主体

合同订立的主体是指订立合同的当事人，包括公民、法人、其他组织。当事人订立合同的能力即当事人独立订立合同的法律资格：主体具有相应的民事行为能力，代订合同的主体要符合代理要求。第一，代理人必须取得代理人的授权且在授权范围内；第二，代理人应以被代理人的名义订立合同；第三，代理人应当具备合同主体资格或者具有承担相应的民事责任的能力。

(2)合同的形式

《民法典》第四百六十九条规定，当事人订立合同，可以采用书面形式、口头形式或者其他形式。合同书、信件、电报、电传、传真等可以有形地表现所载内容；电子数据交换、电子邮件等方式能够有形地表现所载内容，并随时调取查用的数据电文。

(3)合同订立的方式

要约。要约是希望和他人订立合同的意思表示。要约的条件包括：第一，要约必须向相对人发出，除非无碍要约目的的实现；第二，要约必须具有缔结合同的目的；第三，要约内容具体确定合同的主体条款；第四，要约必须表明要约人在得到受要约人承诺时即受约束的意旨。

承诺。承诺是指受要约人同意要约的意思表示方式。承诺必备条件：第一，承诺必须由受要约人承诺；第二，必须由受要约人在承诺期限内向要约人做出；第三，承诺的内容应当与要约的内容一致。

要约邀请。要约邀请是指希望他人向自己发出要约的意思表示。我国《民法典》第四百七十三条规定，拍卖公告、招标公告、招股说明书、债券募集办法、基金招募说明书、商业广告和宣传、寄送的价目表等为要约邀请。商业广告和宣传的内容符合要约条件的，构成要约。

4.合同的内容和条款

（1）合同的基本条款

根据我国《民法典》第四百七十条的规定：合同的内容由当事人约定，一般包括以下条款：当事人的名称或姓名和住址；标的；数量；质量；价款或者报酬；履行期限、地点和方式；违约责任；解决争议的方法。当事人可以参照各类合同的示范文本订立合同。需要注意的是，基本条款的规定只具有提示性与示范性，不具有强制性。

（2）合同的格式条款

《民法典》第四百九十六条，对格式条款的概念、采用格式条款订立合同的原则、格式条款的无效情形、格式条款的解释做了规定。

合同的格式条款，也称格式合同、标准合同，是当事人为了重复使用而预先拟定，并在订立合同时不与对方协商的条款。如百货商店里的标签是最简单的格式合同，保险公司的保险单是典型的格式合同。

格式条款无效的情形包括:一是具有《民法典》第一编第六章第三节和本法第五百〇六条规定的无效情形; 二是提供格式条款一方不合理地免除或者减轻其责任、加重对方责任、限制对方主要权利;三是提供格式条款一方排除对方主要权利。

格式条款的解释规定：一是对格式条款的理解发生争议的，应当按照通常理解予以解释；二是对格式条款有两种以上解释的，应当做出不利于提供格式条款一方的解释。三是格式条款和非格式条款不一致的，应当采用非格式条款。

5.合同的效力

合同的效力,即合同的法律效力,是指已经成立的合同在当事人之间产生的法律约束力,就是法律对当事人之间的合意所做的价值判断。

(1)合同的有效

《民法典》总则编第一百四十三条,对民事法律行为的效力规定,具备下列条件的民事法律行为有效:行为人具有相应的民事行为能力;意思表示真实;不违反法律、行政法规的强制性规定,不违背公序良俗。

(2)无效合同

一般认为,无效合同是指当事人所缔结的合同因严重欠缺合同生效要件而不能发生法律上的约束力,不受国家法律保护的合同。

《民法典》总则编第一百四十四条、第一百四十六条、第一百五十二条、第一百五十三条、第一百五十四条中,对主体不适合签订的合同、意思表示不真实签订的合同、签订违法违规的合同、违背公序良俗的合同、恶意串通损害他人利益的合同无效情形做了详细规定。对格式条款无效的情形(第四百九十七条)、免责条款无效的情形(第五百〇六条)中均对无效合同做了规定。

(3)可撤销合同

可撤销合同,是指因当事人订立合同的意思表示不真实,法律赋予该意思表示人以变更权、撤销权的合同。如:因重大误解订立的合同,显失公平的合同 ,以欺诈、胁迫的手段订立的合同,乘人之危时订立的合同。

(4)效力待定合同

效力待定合同,是指合同虽然已经成立,但因并不完全符合有关合同生效要件的规定,因此,其效力能否发生尚未确定,一般需经有权人追认才能生效的合同。

效力待定合同产生的原因主要包括:因限制行为能力人依法不能独

立订立的合同、无权代理人订立的合同、无处分权人订立的合同及单位代表超越职权订立的合同。法律对于它们的处理有着不同的规定。

6.合同的履行

合同的履行,是指合同生效后,合同当事人依照约定全面、适当地完成合同义务的行为。《民法典》第五百〇九条规定了合同履行的原则:当事人应当按照约定全面履行自己的义务;当事人应当遵循诚信原则,根据合同的性质、目的和交易习惯履行通知、协助、保密等义务;当事人在履行合同的过程中,应当避免浪费资源、污染环境和破坏生态。

7.违约责任

违约责任也称违反合同的民事责任,是指合同当事人一方或双方不履行合同义务或者履行义务不符合约定时,依照法律规定或者合同约定所承担的法律责任。《民法典》第五百七十七条,规定合同违约责任的承担方式。

(1)继续履行

继续履行,又称实际履行、强制实际履行,是指债权人在债务人不履行合同义务时,请求人民法院或者仲裁机构强制债务人实际履行合同。但有下列情形之一的除外:法律上或者事实上不能履行;债务的标的不适于强制履行或者履行费用过高;债权人在合理期限内未要求履行。

(2)采取补救措施

补救措施,是指债务人履行合同义务不符合约定,债权人在请求人民法院或者仲裁机构强制债务人实际履行合同义务的同时,根据合同履行情况要求债务人采取的补救措施。

(3)赔偿损失

赔偿损失,是指违约方不履行或者不完全履行合同给对方造成损失时,依法律或合同的约定赔偿对方当事人所受的损失。

(4)违约金(损失赔偿额)

违约金,是指当事人在合同中约定或由法律规定,一方违约时,应向对方支付一定数量的货币。当事人可以约定一方违约时应当根据违约情况向对方支付一定数额的违约金,也可以约定因违约产生的损失赔偿额的计算方法。

(5)定金

定金,是指合同当事人为确保合同履行,依法律规定或当事人约定,由当事人一方在合同订立时或订立后履行前,按合同标的的一定比例预先付给对方当事人的金钱或其他替代物。

二 常用合同的法律特征

《民法典》第三编第二分编典型合同中,规定了十九种有名合同,下面介绍涉及农业农村的几个有名合同。

1.借款合同概念和法律特征

借款合同是借款人向贷款人借款,到期返还借款并支付利息的合同。其具有以下特征:借款合同是转移所有权的合同;借款合同是诺成合同,自然人之间的借款合同是实践合同;借款合同应当采用书面形式,自然人之间的借款另有约定的可依双方约定;借款合同是双务合同;借款合同分为有偿合同(有利息)和无偿合同(无利息)。

借款合同按照主体的不同,可以分为以金融机构为贷款人的借款合同和以非金融机构为贷款人的借款合同。金融机构的借款合同,是以金融机构为贷款人的借款合同,又称为信贷合同。我国目前禁止非金融企业之间的借贷。因这类借款纠纷诉至法院的,法院均认定合同无效,判令借款人返还本金,对利息不予保护。

2.租赁合同的概念和法律特征

《民法典》第七百〇三条规定:租赁合同是出租人将租赁物交付承租人使用、收益,承租人支付租金的合同。租赁合同是转移使用权、收益权的合同;租赁合同是诺成合同、双务合同、有偿合同。

根据租赁是否确定日期,可以分为定期租赁和不定期租赁。定期租赁,当事人约定了租赁期限;不定期租赁,当事人没有约定租赁的期限。

租赁合同的内容包括:出租人的权利、义务;承租人的权利、义务;租赁合同的主要内容;租金支付的规定;租赁物收益归属;承租人对租赁物转租的相关规定等。

3.融资租赁合同的概念和法律特征

融资租赁合同,是集融信贷和租赁于一体的一种新型租赁合同。依据我国《民法典》第七百三十五条的规定"融资租赁合同是出租人根据承租人对出卖人、租赁物的选择,向出卖人购买租赁物,提供给承租人使用,承租人支付租金的合同"。融资租赁合同应当采用书面形式。

融资租赁合同的法律特征:融资租赁合同是转移财产使用权合同;融资租赁合同属于双务、有偿合同;融资租赁合同为诺成、合同要式合同;融资租赁合同足额清偿合同;融资租赁合同不可撤销合同。

融资租赁合同的内容,依据《民法典》第七百三十六条到第七百六十条规定和融资租赁合同的实践当事人的基本情况,即出租人和承租人的名称或者姓名、住所;租赁物条款,包括租赁物的名称、规格、数量、技术性能、交付方式、检验方法等;租金条款,即租金构成、支付期限、地点、方式、币种等;租期条款,包括租赁期间,租赁期满后的续租、期间起止时间等;租赁物的使用、管理、维修、保养等;租赁期届满后租赁物的归属条款;租赁设备的灭失及损毁处理;租赁物的保险条款;租赁债权的转让和抵押;保证金及担保条款;违约责任;争议解决方式等。

第二节　农产品电子商务法律制度

一　国内农产品电子商务法律制度

1.电子签名法律制度概述

我国于2004年8月28日通过《中华人民共和国电子签名法》(以下简称《电子签名法》),自2005年4月1日起施行。该法实施以后,电子签名与传统手写签名和盖章具有同等的法律效力。《电子签名法》在2015年4月24日和2019年4月23日进行了两次修正。

《电子签名法》的总体思路:通过确立电子签名的法律效力,明确电子签名规则,为电子商务发展创造有利的法律环境。

《中华人民共和国电子商务法》(以下简称《电子商务法》)的重点:明确电子商务活动的法律地位;电子商务经营者和电子商务平台经营者的行为规范;电子商务合同的订立及履行、电子商务物流及支付的规范;电子商务争议的解决; 对电子商务及跨境电子商务活动的推动和促进;电子商务活动中的法律责任。该法共89条,分为七大部分:总则、电子商务经营者、电子商务合同的订立和履行、电子商务争议解决、电子商务促进、法律责任、附则。

(1)电子签名的含义

电子签名是指以一定的电子签名技术为特定手段的签名。电子签名强调技术上的安全性。目前,数字签名被认为是技术成熟、安全可靠、成本适当、使用普遍的电子签名技术,故一些国家或地区通过立法直接将数字签名规定为法律认可的唯一安全的电子签名。

电子签名实质是一种数据,是附加于数据电信中的电子形式,而且它必须满足以下三个条件:一是签名者事后不能否认自己签署的事实;二是任何其他人均不能伪造该签名;三是如果当事双方对签名的真伪发生争执,能够由公正的第三方仲裁,通过验证签名来确认其真伪。

(2)电子签名的法律效力

根据《电子签名法》,当事人约定使用电子签名的文书,不得仅因为其采用电子签名的形式而否定其法律效力。可靠的电子签名与手写签名或者盖章具有同等的法律效力。在电子签名合法使用的情况下,其效力主要表现在以下方面:

第一,电子商务交易当事人一旦以合法的方式签署了电子签名,便不得否认自己是数据电文的发送人。如果该数据电文是一项法律文件,他便是这项法律文件的签署人。

第二,电子签名的合法签署意味着签署人承认并证实了数据电文的内容。如果该数据电文构成一项法律文件,他便不能以电子签名为由否认其对法律文件内容的认可和证实。

第三,以电子签名方式签署的数据电文,应被作为原件看待,即使它在传递中或者系统服务中有所变化。如果数据电文构成一项法律文件,不仅在当事人间应被视为原件,它也可以作为原始证据向审判或仲裁机构提交。

第四,电子签名能充分满足法律对法律行为的书面签名形式的要求。使用电子签名的法律行为不会因电子签名方式本身受到效力否定。当以电子签名签署的要约、承诺符合合同法基本规则时,该电子签名的签署便能决定合同成立与生效的时间、地点等法律行为要素。

2.电子认证的法律制度

(1)电子认证概述

为确保网上交易及支付活动的真实、可靠,需要有一种安全认证机制来验证电子商务活动中交易各方的真实身份,即电子认证。电子认证是指由认证机构以加密技术为基础,以电子签名、数字证书、数字摘要等作为手段,向电子商务中的交易各方提供身份确认、文件的真实性和完整性确认等服务的活动。电子认证通常由买卖双方以外的第三方机构充当并履行权利和义务。

(2)电子认证机构设立的条件

根据《电子签名法》,提供电子认证服务应当具备如下条件:一是具有与提供电子认证服务相适应的专业技术人员和管理人员;二是具有与提供电子认证服务相适应的资金和经营场所;三是具有符合国家安全标准的技术和设备;四是具有国家密码管理机构同意使用的证明文件、法律、行政法规规定的其他条件。

(3)电子认证机构的权利与义务

电子认证机构的主要权利与义务如下:

第一,有资质的认证机构应当在互联网上公布其名称、许可证号等信息与电子认证业务规则(包括责任范围、作业操作规范、信息安全保障措施等事项),并向主管部门备案。认证机构收到电子签名认证申请后,应对申请人的身份、有关材料进行查验与审查。

第二,电子认证机构签发的电子签名认证证书应准确无误,并应当载明电子认证机构名称、证书持有人的名称、证书序列号、证书有效期、证书持有人的电子签名验证数据、电子认证机构的电子签名以及主管部门规定的其他内容。

第三,电子认证机构应保证认证证书内容在有效期内完整、准确,并保证电子签名依赖方能够证实或者了解电子签名认证证书所载内容及其他有关事项，电子认证机构应当妥善保存与认证相关的信息，信息保存期限至少为电子签名认证证书失效后五年。

(4)电子认证机构的法律责任

通常电子认证机构承担与其义务相适应的法律责任。而对于认证机构与证书信赖人而言，认证机构的责任基础则是保证其所颁证书及其所载信息真实可靠的法定义务。对于认证机构与证书持有人而言，认证机构承担的是基于认证服务合同的合同责任。

(5)关于证书持有人的法律规范

证书持有人的义务。证书持有人或用户是认证机构的客户，是接受认证服务的一方。证书持有人除了履行向认证机构支付一定的费用以外，还应履行下列义务：真实陈述的义务，私密钥控制的义务。

证书持有人的法律责任。认证机构和证书持有人之间存在服务合同关系。当证书持有人未履行或未完全履行所规定的义务时，除因为不可抗拒原因或法律规定的免责条款外，应承担相应的法律责任。

3.电子商务法律制度

(1)电子商务的含义

《电子商务法》明确将电子商务界定为通过互联网等信息网络销售商品或者提供服务的经营活动。通过互联网、移动客户端、移动应用商店等进行的经营活动属于电子商务的经营活动。

(2)《电子商务法》的适用范围

在我国境内的电子商务平台上发生的交易。除当事人另有约定外，在我国境内电子商务平台（电子商务平台经营者在我国境内依法注册登记）上发生或者依托我国境内电子商务平台进行的交易，不论交易双方是否为我国境内的自然人、法人和非法人组织。

(3)《中华人民共和国电子商务法》(以下简称《电子商务法》)规范电子商务平台经营者的行为

《电子商务法》明确了电子商务经营者和电子商务平台经营者经营活动的交易活动行为规范。

第一,平台内经营者主体身份的管理义务。平台经营者建构一个网络交易空间,让其他经营者入驻,成为平台内经营者,并且独立开展交易活动。《电子商务法》第二十七条要求平台经营者对进入平台开展经营活动的主体的真实身份信息进行核验登记,建立登记档案并且定期核验更新。这一规定的目的在于保护消费者以及与平台内经营者发生交易的相对人。如果因为平台经营者没有把好入口,导致消费者遭受平台内经营者的侵害,却无法获知其身份、获得其有效联系方式,那么平台经营者应当承担责任。

第二,信息保存和报送义务。电子商务平台是各种电子商务交易发生的场所,一旦当事人产生争议,或者发生平台内经营者的行为侵害消费者的权益等情况,只有电子商务平台保存各种交易数据,才能够帮助还原事情的真相,《电子商务法》第三十一条要求平台经营者完整保留交易信息。这一规定对于解决纠纷、避免争议及监督执法具有重要意义。同时,《电子商务法》第二十八条要求平台经营者必须向市场监督管理部门报送平台内进行经营活动的主体信息,向税收管理部门报送平台内发生的涉税信息。这种信息报送,是平台经营者配合主管部门履行监督和管理职责的表现。

第三,维护平台安全稳定义务。由于大型电子商务平台在生活中日益发挥重要作用,甚至对国民经济的稳定运行会产生重大影响,因此《电子商务法》第三十条要求平台经营者确保平台安全稳定运行,防范网络犯罪活动,有效应对网络安全事件。针对特殊的事件,要建立安全事件应急预案，一旦发生紧急事件要迅速采取措施，并且向有关部门报告。这一要求与平台在社会经济生活中发挥的重要作用相适应，也与《网络安全法》的规定相联系。

第四，安全保障义务。电子商务平台经营者通过建构网络空间，供他人来独立开展经营活动，对此《电子商务法》第三十八条要求平台经营者对于通过电子商务平台来获取商品或者服务的当事人承担相应的安全保障义务。电子商务平台经营者要承担与其未履行安全保障义务所存在的过错相适应的法律责任。

(4)《电子商务法》关于电子商务合同的订立和履行的相关规定

《电子商务法》第四十八条明确规定了通过自动信息系统订立或履行合同的行为对使用该系统的当事人具有法律效力，这就明确了电子商务合同和纸质合同一样，对于合同当事人具有同样的约束力。

电子商务合同中对于快递物流和支付方式做了相应的规定。《电子商务法》第五十一条规定了合同标的的交付时间：合同标的为交付商品并采用快递物流方式交付的，收货人签收时间为交付时间；合同标的为提供服务的，生成的电子凭证或者实物凭证中载明的时间为交付时间；前述凭证没有载明时间或者载明时间与实际提供服务时间不一致的，实际提供服务的时间为交付时间；合同标的为采用在线传输方式交付的，合同标的进入对方当事人指定的特定系统并且能够检索识别的时间为交付时间。

《电子商务法》第五十二条规定了快递物流交付方式：电子商务当事人可以约定采用快递物流方式交付商品。

《电子商务法》第五十三条规定了电子商务当事人可以约定采用电子支付方式支付价款。

(5)《电子商务法》促进了农业和农村电子商务的发展

目前，虽然没有专门针对农产品电子商务的法律，但是《电子商务法》中专门涉及的农村、农业及农产品贸易，对于促进农村、农业及农产品电子商务的发展产生了巨大的推动作用。

第一，《电子商务法》促进农村地区产业融合发展。

《电子商务法》第六十八条提出，国家促进农业生产、加工、流通等环节的互联网技术应用，鼓励各类社会资源加强合作，促进农村电子商务发展，发挥电子商务在精准扶贫中的作用。随着电子商务市场的飞速发展，从一线城市到二线、三线城市，再到县城，电子商务的竞争越来越激烈，广大的农村电子商务市场是未来电商平台经营者和电商经营者的必争之地。一方面农村电子商务的发展为电子商务经营者拓展了更大的市场，带来更多的利润；另一方面农村电子商务的发展对于拓展农产品销路，为农户提供更多就业渠道，为市场提供更多优质的农产品，实现精准扶贫的国家方针政策，最终实现农村全面脱贫具有重要的意义和作用。有理由相信，电子商务在全面脱贫攻坚和乡村振兴中发挥越来越重要的作用。

第二，《电子商务法》促进农村电商基础设施建设。

《电子商务法》第六十六条规定：国家推动电子商务基础设施和物流网络建设，完善电子商务统计制度，加强电子商务标准体系建设。政府部门将进一步加强对电子商务基础设施薄弱地区的投入力度，农村电商基础设施将会是投入的重点。目前，国家财政资金的支持重点已经转向围绕农村产品上行的基础设施方面，包括农村电商发展所依赖的宽带网络、快递网络、加工检测及冷链仓储设施等，农村电商的产品标准化、服务标准化、运营标准化等也成为重点支持方向。

二 农产品跨境电子商务法律制度

1. 国家促进跨境电子商务的发展

《电子商务法》第七十一条规定：国家促进跨境电子商务发展，建立健全适应跨境电子商务特点的海关、税收、进出境检验检疫、支付结算等管理制度，提高跨境电子商务各环节便利化水平，支持跨境电子商务平台经营者等为跨境电子商务提供仓储物流、报关、报检等服务。国家支持小型微型企业从事跨境电子商务。

上述规定表明，国家非常支持跨境电子商务发展，并为推动跨境电子商务发展建立健全适应跨境电子商务发展的相关制度，简化了跨境电子商务各经营环节的手续，同时支持跨境电商平台为经营者提供相关服务。

2.国家推进跨境电子综合服务和监管体系建设

《电子商务法》第七十二条规定：国家进出口管理部门应当推进跨境电子商务海关申报、纳税、检验检疫等环节的综合服务和监管体系建设，优化监管流程，推动实现信息共享、监管互认、执法互助，提高跨境电子商务服务和监管效率。跨境电子商务经营者可以凭电子单证向国家进出口管理部门办理有关手续。

3.国家推动参与电子商务国际规则的制定

《电子商务法》第七十三条规定：国家推动建立与不同国家、地区之间跨境电子商务的交流合作，参与电子商务国际规则的制定，促进电子签名、电子身份等国际互认。国家推动建立与不同国家、地区之间的跨境电子商务争议解决机制。

《电子商务法》对跨境电子商务经营活动做了明确的法律规定，有助于规范我国的跨境电商经营活动，跨境电子商务必将成为电子商务的一个重要板块。

第三节　农产品物流法律制度

一　我国农产品流通法律问题综述

1.农产品流通概念的界定

农产品即农业生产的产品，是指种植业、林业、畜牧业、渔业生产活动中生产的产品，包括经历自然生长过程的所有植物产品和动物产品。植物产品包括人工通过各种手段栽培的产品和采集的野生植物产品，含食用、药用和用于其他用途的产品；动物产品包括人工养殖、狩猎和捕捞业的产品。

农产品流通是农产品销售、仓储、运输以及相应的货币流转的总称。农产品流通包括各种主体之间的农产品购销储运活动，包括国内外贸易、国家与农民之间的贸易、农民和其他平等主体之间的贸易；包括零售和批发、现货和期货等其他各种形式的农产品购销储运活动。

2.农产品流通和价格立法概述

近年来，我国不断推进农产品流通体制改革，逐步理顺农产品价格、实行多渠道流通等有关农产品流通方面的基本政策，已由《中华人民共和国农业法》做出专章规定，用法律形式固定下来，其具体规定述评如下：

(1)关于国家对农产品市场宏观调控的规定

农产品的购销逐步实行市场调节。对关系国计民生的重要农产品的购销活动，国家实行必要的宏观调控，以建立正常的流通秩序，促进市场机制的发育。

国务院和国务院授权的省、自治区、直辖市的人民政府对关系国计民生的重要农产品可以委托有关经营组织收购，并规定委托收购的农产品的品种和数量。国务院在必要时可以对待定的农产品规定委托收购的价格。

国家对粮食等关系国计民生的重要农产品实行保护收购制度，设立风险基金，并实行中央和地方多级储备调节制度，设立储备基金，建立、健全仓储运输体系，做到保证供应、平衡市场。

(2)关于农产品流通组织结构体系的规定

国有商业组织和供销合作经济等集体商业组织应当加强仓储设施建设、提供市场信息、改进收购工作，发挥主渠道作用，为农民销售农产品服务。

国家鼓励和引导农民从事多种形式的农产品流通活动。农业生产经营组织和农业劳动者，可以按照国家有关规定从事产品收购、加工、批发、贩运和零售活动。

国家鼓励和支持企业事业单位和个人依法从事跨地区、跨行业的农产品生产、加工、销售联合经营活动。

具备条件的农业生产经营组织和其他经济组织可以按照国务院规定经批准取得对外贸易经营权，进行农产品进出口贸易。

(3)关于培养和发展农产品市场及有关管理的规定

国家支持农产品集贸市场和农产品批发市场的建立和发展。

农产品批发市场应当制定交易规则，农产品批发市场的管理者不得参与农产品批发市场的交易。

此外，农产品物流作为物流业的分支，是农产品物质实体及相关信息从生产者到消费者之间的物理性流动，实质是以农产品为对象，经过加工包装、储存运输和配送等物流环节，使农产品得以保值和增值，并最终到达消费者手中。目前，我国几乎没有系统性的农产品物流法律，与其相关的法律法规散见于各个部门法中。

二 农产品运输法律制度

运输合同的概述

从事物流活动的各个主体可以用自有的运输工具进行运输，也可以用租赁的运输工具进行运输，而以这两种方式从事运输业务的一般都要以提供物流服务的主体作为承运人与他人签订运输合同为基础。此外，物流服务主体作为托运人与其他专业从事运输服务的承运人签订运输合同的方式，也离不开运输合同，因此运输合同是物流运输环节中最重要的法律问题。本节所讨论的运输合同特指农产品运输合同。

(1)运输及其运输方式

根据《中华人民共和国国家标准物流术语》的解释，运输是指用设备和工具将物品从一个地点向另一地点运送的物流活动，包括集货、分配、搬运、中转、装入、卸下、分散等一系列操作。具体而言，运输就是通过火车、汽车、轮船、飞机等交通工具和运输手段将货物从一处运送到另一处的、在空间上发生位置移动的活动。运输是物流系统的功能之一，是物流系统的核心与支柱。

物流过程中常见的几种运输方式有公路运输、铁路运输、水路运输、航空运输、管道运输。

(2)运输合同的概念及法律特点

我国法律规定，运输合同是承运人将旅客或者货物从起运点运输到约定地点，旅客、托运人或者收货人支付票款或者运输费用的合同，具有以下法律特征。一是运输合同的标的是承运人的运送行为，而不是被运送的货物本身。运输合同是提供劳务的合同,劳务是一种行为。签订运输合同的当事人的权利、义务都是围绕运送行为产生的。二是运输合同为双务有偿合同。承运人承运货物,收取运费,托运人向承运人支付运费,为有偿合同;双方当事人互负义务,互享权利,为双务合同。三是运输合同为标准合同,或称格式合同。在运输关系中,运输合同一般是以货物提单的形式出现的,并且统一印刷,定价也有统一的标准,由承运人事先制定出来,而不是由承运人和托运人共同协商确定合同内容。

三 农产品仓储法律制度

1.仓储与仓储合同

(1)仓储的概念

仓储即货物的储存。储存是保护、管理、储藏物品的一种活动。广义的仓储是各种能够提供货物储存服务的设施和场地,通常包括:仓储经营者提供的专业性仓储;自有仓库的临时保管仓储;运输环节的临时仓储,如港口运输中始发港和目的港的仓储;配送服务中的仓储。

(2)仓储合同的概念和特征

按照《中华人民共和国民法典》第九百〇四条规定,仓储合同是保管人储存存货人交付的仓储物,存货人支付仓储费的合同。合同当事人是保管人和存货人,保管的货物被称为仓储物,保管人因保管获得的报酬是仓储费。适用有关保管合同的规定。

仓储合同是一种特殊的保管合同,它具有保管合同的基本特征,同时仓储合同又有自己的特殊特征:

第一,仓储的货物所有权并不发生转移,只是货物的占有权暂时转移,而货物的所有权或其他权利仍为存货人所有。仓储合同是一种提供劳务的合同,其标的属于劳务,即双方约定的货物保管。保管是对物品进行保存和对物品的数量、质量进行管理控制的活动。因此，保管既包括静态意义上的货物存储，又包括对货物进行动态的质量管理，避免货物的毁损。

第二，仓储保管的对象必须是动产，不动产不能作为仓储合同的保管对象。这是因为仓储保管人是以自己的仓库为存货人提供保管服务，因此仓储物只能是动产。

第三，仓储合同的保管人，必须具有依法取得从事仓储保管业务的经营资格，具备一定的仓储设备和管理能力。

第四，仓储合同是双务有偿合同、诺成合同、不要式合同。仓储合同自成立时生效，这是仓储合同区别于保管合同的又一显著特征，保管合同是实践合同，又被称为要物合同，即保管合同的成立必须以交付保管物为要件。

2.仓储合同的内容

仓储合同的内容一般包括以下几个方面。①双方当事人的基本情况：保管人和存货人的名称或姓名和住所。②标的物：仓储物的品名、品种、规格等内容，并且明确仓储物的计量单位、数量、质量、包装、件数和标记，这些基本情况与货物的性质、仓库中原有货物的性质、仓库的保管条件有密切关系，明确之后方可保证双方顺利履行合同。③仓储物验收的相关问题：包括仓储物验收的具体项目、标准、方法、期限及相关资料。④仓储物的储存期限、保管要求和保管条件。⑤仓储物入库手续、出库手续、时间、地点和运输方式。⑥仓储物的损耗标准和损耗处理。⑦仓储费用和其他费用。⑧违约责任条款。依照我国《民法典》的规定，违约责任主要包括继续履行、支付违约金、赔偿损失、实行定金罚则等。⑨争议解决的方法：合同当事人约定在发生争议时，采用诉讼或仲裁方式解决。争议解决条款的效力具有独立性，它不因合同的无效或可撤销而失去效力。

四 农产品流通加工法

1.流通加工概述

流通加工是在物品从生产领域向消费领域流动的过程中，根据运输、销售或消费使用的需要，进行的包装、分割、计量、分拣、刷标志、组装等简单作业的总称。流通与加工分属两个不同的系统。加工是生产过程中的活动，是创造价值的过程。商品流通是以货币为媒介的商品交换过程，它的重要职能是将生产和消费联系起来，起到桥梁和纽带的作用，是为了完成商品所有权的转移。流通一般不是改变流通对象的形态而创造价值，而是保持流通对象的已有形态，完成空间的位移，实现“时间效用”和“场所效用”。流通加工是将流通与加工结合在一起而形成的一种物流的特殊环节。

流通加工在物流中的地位和作用如下：能有效地完善流通；是物流中的重要利润来源；可以提高原材料的利用率；可以提高加工效率及设备利用率；充分发挥各种输送手段的最高水平。

2.加工承揽合同的概念、特征及种类

流通加工环节所涉及的法律关系相对简单，主要涉及加工承揽合同关系，即物流加工服务提供方与需求方一般都采用订立加工承揽合同而成立加工承揽合同关系。

根据我国《民法典》的规定，加工承揽合同是指承揽人按照定作人的要求完成一定工作，交付工作成果，定作人给付报酬的合同。按照他人的要求完成一定工作的人是承揽人，要求他人完成一定工作、接受工作成果并给付报酬的人是定作人。承揽人和定作人是承揽合同的主体。加工承揽合同的法律特征如下：①加工承揽合同以承揽人完成双方约定的工作为目的。②加工承揽的标的具有特定性，该工作成果是按定作人的

特定要求完成的;加工承揽合同的标的物具有特定性;完成工作成果的承揽行为具有特定性。③加工承揽合同的承揽人用自己的设备、技术和能力完成工作并承担相应风险。④加工承揽合同是双务、有偿、诺成合同。

按照我国《民法典》的规定,加工承揽包括加工、定作、修理、复制、测试、检验等工作。按工作内容的不同,加工承揽合同分为以下几类:①加工合同,指承揽人按照定作人的具体要求,使用自己的设备、技术和劳动对定作人提供的原材料或半成品进行加工,将工作成果交给定作人,定作人支付价款的合同。②定作合同,是承揽人按照定作人提出的要求,利用自己的设备、技术、原材料和劳动力进行生产并向定作人交付工作成果,由定作人支付报酬的合同。③修理合同,是指承揽人为定作人修理、整治出现损坏、缺失等状况的物品,使物品恢复原状,定作人支付相应报酬的合同。

3.加工承揽合同的内容

合同内容,是指合同中双方当事人协商一致的,约定双方当事人具体权利义务的条款。依照我国《民法典》的规定,加工承揽合同的内容主要包括:①当事人条款;②承揽标的条款,承揽标的即定作物,又称品名或项目,此条款是承揽合同的首要条款和必备条款;③数量、质量条款;④报酬条款;⑤承揽方式条款,写明是否可交由第三人完成;⑥材料提供条款;⑦履行期限条款;⑧验收标准和验收方法条款;⑨保密条款;⑩违约责任;⑪争议的解决方法。

第五章　农业环境资源法律制度

第一节　农业环境资源法律制度概述

一　环境与自然资源概述

1. 环境的概念和种类

《中华人民共和国环境资源法》(以下简称《环境资源法》)中所称的环境是以环境科学对环境的界定为基础的。《中华人民共和国环境保护法》第二条规定:本法所称的环境,是指影响人类生存和发展的各种天然和经过人工改造的自然因素的总体,包括大气、水、海洋、土地、矿藏、森林、草原、野生生物、自然遗迹、人文遗迹、自然保护区、风景名胜区、城市和乡村等。

以环境的主体不同,可以把环境分为人类环境和生物环境。以环境要素的不同,可以把环境分为水环境、大气环境、生物环境(如草原环境、森林环境和野生动植物环境等)、土壤环境、地质环境等。以环境的形成要素不同,可以把环境分为天然环境和人为环境。以环境的范围大小不同,可以把环境分为聚落环境、区域环境、地理环境、地质环境、宇宙环境等。以环境的性质不同,可以把环境分为物理环境、化学环境和生物环境等。

2.自然资源

环境学者认为，自然资源是指一切能为人类提供生存、发展、享受的自然物质与自然条件及其相互作用而形成的自然生态环境和人工环境。联合国环境规划署规定：自然资源是指在一定时间条件下，能够产生经济价值，提高人类当前和未来福利的自然环境的总称。

二 《环境资源法》的概念和作用

1.《环境资源法》的概念

《环境资源法》是调整因保护和改善生活环境与生态环境，合理开发利用自然资源，防治环境污染和其他公害而产生的社会关系的法律规范的总称。主要包括以下三层含义：

(1)《环境资源法》的目的是保护和改善环境，保护人体健康和促进经济、社会可持续发展。

(2)《环境资源法》调整特定范围的社会关系。主要包括以下三种关系：以防治环境污染为主要内容的环境保护社会关系；以合理开发、利用和保护自然资源为主要内容的自然资源社会关系；以预防、救助和减轻自然灾害为主要内容的灾害防治社会关系等。

(3)环境资源法是调整环境利用关系的法律规范的总称。体现在以下三个特征：第一，综合性；第二，科技性；第三，利益共同性。

2.《环境资源法》的作用

(1)《环境资源法》是国家进行环境管理的法律依据，是推动我国环境保护事业和环境资源工作发展的强大力量，是环境行政管理的依据和保障，是环境保护事业发展的有力保障。

(2)《环境资源法》是防治污染和其他公害、保护生活环境和生态环境、合理开发和利用环境资源、保障人体健康的法律武器。

(3)《环境资源法》是协调经济、社会发展和环境保护的重要调控手段。

(4)《环境资源法》是提高公众环境意识和环境法制观念、促进公众参与环境管理、倡导良好的环境道德风尚、普及环境科学知识和环境保护政策的法律平台。

(5)《环境资源法》是处理我国与外国的环境关系、维护我国环境权益的重要工具。

三《环境资源法》的适用范围

1.适地范围

《环境资源法》的适地范围，是指环境资源法在哪些地方、哪些区域有效力，也称对地域的适用范围或者对地域的效力范围。

2.适人范围

《环境资源法》的适人范围，是指环境资源法对谁有效力，适用于哪些人，包括对哪些单位和哪些自然人有效。

3.适时范围

法的适时范围也称作法的时间效力范围，指法何时生效、何时终止效力以及法对生效以前的事件和行为有无溯及力的问题。因此，环境资源法的适时范围指的是环境资源法在什么时间生效和何时终止其效力，以及环境资源法对在其颁布之前的环境污染和生态破坏行为有无约束力的问题。

第二节 环境资源法律制度的内容

一 环境资源法律制度

1.环境产权制度

(1) 环境权的概念和性质

①环境权的概念。环境权是指环境法律关系主体享有健康、良好环境和合理利用环境资源的基本权利。

②环境权的性质。环境权是一项新型的人权,是每个赖以维持其生存和发展的与生俱来的不可剥夺的基本权利，它既是一项法律权利,同时也是一项自然权利,是不能剥夺的。

(2)不同环境权的保护制度

具体体现:健康(良好)环境享有权的保护;环境请求权的保护；环境损害赔偿权的保护;环境检举、控告权的保护;环境诉讼权的保护；环境知情权的保护;环境决策和参与权利的保护;环境结社权利及相关活动权利的保护等相关制度。

2.自然资源产权制度

(1)自然资源权的内涵

自然资源权是环境资源法重要的理论范畴之一,它是与自然资源权属相关的法律制度在理论上的抽象和概括。自然资源权主要是通过对自然资源权属的界定,从而明确对自然资源的归属、支配以及由此产生法律后果的分配。自然资源权是围绕自然资源开发利用、保护和管理进行相关法律制度设计的逻辑起点。根据现行有关法律、法规的规定,我国的自然资源权主要包括两个层次的权利形态，即自然资源所有权和自然资源使用权。

（2）自然资源所有权

自然资源所有权，是所有权人依法占有、使用、收益、处分自然资源的权利。在我国公有制的条件下，自然资源的所有权是为公有所垄断的，包括国家所有和集体所有，不存在严格意义上的个人自然资源所有权，国家和集体之外的权利主体，只可能享有资源产品的所有权，而不可能享有对自然资源的所有权。

自然资源所有权的取得、变更、消灭。

（3）土地资源权

①土地资源权概述。土地资源是一种基础性的自然资源类型，不仅其自身是社会经济发展和日常生活的基本物质前提，而且土地资源也是其他类型自然资源得以赋存的物质载体。

②土地所有权。我国的土地所有权可分为国家土地所有权和集体土地所有权两种，两种所有权在主体范围、客体的范围、取得方式、权利变动方面各有不同。

③土地使用权。《中华人民共和国土地管理法》规定：国有土地和农民集体所有的土地，可以依法确定给单位或个人使用。这是关于土地使用权的概括性规定，根据该规定，土地使用权分为国有土地使用权和农民集体所有土地使用权。

（4）矿产资源权

①矿产资源权概述。矿产资源权主要是从矿产资源权属的意义来说的，主要是指包括矿产资源所有权和矿业权两个层次的权利形态，其中矿业权包括探矿权和采矿权。矿产资源是一种典型的不可再生资源，而且是国民经济发展的重要物质基础，因此，在法律上明确界定矿产资源

的权属，是形成和建立有序的矿产资源开发秩序的基本前提。

②矿产资源所有权。《中华人民共和国矿产资源法》第三条规定：矿产资源属于国家所有，由国务院行使国家对矿产资源的所有权。地表或者地下的矿产资源的国家所有权，不因其所依附的土地的所有权或者使用权的不同而改变。因此，我国现行立法确立的是矿产资源的一元所有权，即矿产资源国家所有权。

3.环境资源监督管理组织制度

(1)环境资源监督管理的概念和类型

环境资源监督管理有广义和狭义之分。狭义的环境资源监督管理是指环境资源行政监督管理，即国家环境资源行政监督管理部门，运用行政、法律、经济、科学技术、宣传教育等手段，对各种影响环境资源的行为进行规划、调控和监督，以促进经济社会与环境的可持续发展。广义的环境资源监督管理包括环境资源立法监督管理、环境资源行政监督管理、环境资源司法监督管理、环境资源社会监督管理、对环境资源监督管理行为实施的监督等。

根据管理主体不同，环境资源监督管理可分为环境资源立法监督管理、环境资源行政监督管理、环境资源司法监督管理、环境资源社会监督管理(公共团体、社会组织、非政府机构和个人所进行的环境资源保护活动)等。

根据管理范围不同，环境资源监督管理可分为环境监督管理、资源监督管理等。其中，环境监督管理又分为区域环境管理和专业环境管理。

根据管理性质不同，环境资源监督管理可分为环境资源规划和计划管理、环境资源质量管理、环境资源技术管理等。

根据对环境资源有影响的活动性质的不同，环境资源监督管理可分为生产活动、生活活动、流通服务活动的监督管理等。

(2)环境资源监督管理体制

环境资源监督管理体制有广义和狭义之分。狭义的环境资源监督管理体制是指环境资源行政监督管理体制，即国家环境资源行政监督管理机构的设置、机构之间环境资源监督管理权限的划分及其运行协调机制的总称。其中,机构的设置是环境资源监督管理的组织保障,权限的划分是环境资源监督管理的职能保障，运行协调机制是环境资源监督管理的实施保障。广义的环境资源监督管理体制包括环境资源立法监督管理体制、环境资源行政监督管理体制、环境资源司法监督管理体制、环境资源社会监督管理体制、对环境资源监督管理行为实施监督的体制等。

4.环境资源规划制度

环境资源规划是根据一个国家或地区环境状况、自然资源本身的特点以及国民经济发展的要求,在一定规划期内对管辖区域内生态环境保护、生态环境恢复建设以及各种自然资源的开发、利用、保护、恢复与管理所做的总体安排。环境资源规划制度是关于环境资源规划的制定、规划的基本内容、规划的实施等问题的基本规定。

环境资源规划按照不同的分类标准,可划分为不同的类型。按规划内容,可以划分为环境保护规划、自然资源规划、城市规划、村庄和集镇规划、生态环境建设规划等。按规划范围,可以划分为国家规划、地方规划、部门规划、流域规划和区域规划等。按规划期可以划分为长期规划、中期规划和短期规划。

5.环境影响评价制度

根据《中华人民共和国环境影响评价法》的规定,环境影响评价是指对规划和建设项目实施后可能造成的环境影响进行分析、预测和评估,提出预防或者减轻不良环境影响的对策和措施，进行跟踪、监测的方法与制度。

6."三同时"制度

(1)"三同时"制度的概念

"三同时"制度是我国首创的一项环境资源法基本制度，它是指一切新建、改建和扩建的基本建设项目、技术改造项目、区域开发建设项目、自然开发利用项目以及其他可能损害环境的项目，其中防治污染和生态破坏的设施，必须与主体工程同时设计、同时施工、同时投产使用的制度。

(2)"三同时"制度的适用范围

"三同时"制度的适用范围包括：一切新建、改建和扩建的基本建设项目、技术改造项目、区域开发建设项目、自然开发利用项目，以及其他可能损害环境的项目。

7.环境资源许可制度

环境资源许可是指环境资源行政主管部门根据当事人的申请，准许其从事某种活动的一种行政行为。在法律上，许可表现为认可、登记、承认等，并通常以证书的形式表现。环境资源许可制度包括：环境资源许可立法；环境保护许可制度；自然资源许可制度；建设规划许可制度。

8.环境资源税费制度

环境资源税费是指国家依法对污染物排放者、自然资源开发利用者所征收的税费。环境资源税费，按征收对象不同分为环境税费和自然资源税费。

9.循环经济促进制度

循环经济指要求运用生态学规律，将人类经济活动组织成为"资源—生产—消费—再生资源"的循环流动过程，实现"低开采、高利用、低排放”，最大限度地利用进入生产和消费系统的物质和能量，使得整个经济系统从生产到消费的全过程不产生或少产生废弃物，提高经济运行的质量和效益，达到经济发展与节约资源、保护环境相协调。

第六章 农产品质量与安全法律制度

第一节 农产品质量安全的法律法规

一 《中华人民共和国农产品质量安全法》概述

为实现对农产品质量安全的全过程控制，保障公众身体健康和生命安全，增强农产品竞争能力，实现农民增收和农业可持续发展。2006 年 4 月 29 日，第十届全国人民代表大会常务委员会第二十一次会议表决通过了《中华人民共和国农产品质量安全法》(以下简称《农产品质量安全法》)，并于 2006 年 11 月 1 日起实施。2018 年 10 月 26 日《中华人民共和国农产品质量安全法》修正。2021 年 9 月 1 日，李克强总理主持召开国务院常务会议，通过《中华人民共和国农产品质量安全法(修订草案)》，草案提请全国人大常委会审议。

现行《中华人民共和国农产品质量安全法》共八章，五十六条，包括总则、农产品质量安全标准、农产品产地、农产品生产、农产品包装和标识、监督检查、法律责任、附则等。这部法律是我国农业和农村经济管理中的一部重要的法律，其立法的目的和意义在于：保障农产品质量安全是发展高产、优质、高效、生态、安全的现代农业的要求；维护公众健康是保障百姓利益，体现以人为本，构建和谐社会的要求；促进农业和农村经济发展，就是要提高我国农产品的国际竞争力，进一步推进农业现代化建设。推进依法行政，填补我国农产品质量安全监管法律空白的要求，确立了农业行政主管部门在农产品质量安全监督管理工作中的主体地位，适应了“从农田到餐桌”全程控制管理农产品质量安全的要求。

1.《农产品质量安全法》的调整范围

农产品质量安全是指农产品质量符合保障人的健康、安全的要求。农产品质量安全法对涉及农产品质量安全的方方面面都进行了相应的规范，包括三个方面的内涵。

（1）农产品的定义

《农产品质量安全法》中所称的农产品与日常生活中使用农产品的概念有所不同。《现代汉语词典（2002 年增补本）》将农产品定义为“是农业生产的物品，如水稻、小麦、高粱、棉花、烟叶、甘蔗等”。《中国大百科全书（农业）》将农产品解释为“广义的农产品包括农作物、畜产品、水产品和林产品；狭义的农产品则仅指农作物和畜产品”。

《农产品质量安全法》第二条规定，农产品是指来源于农业生产的初级产品，即在农业活动中获得的植物、动物、微生物及其产品。“农业活动”包括种植、养殖、采摘、捕捞等活动；“及其产品”包括在农业活动中直接获得的未经加工的以及经过分拣、清洗、切割、冷冻、包装等简单处理的植物、动物、微生物的产品。工业生产活动中以农产品为原料加工、制作的产品不属于农产品。

需要注意的问题是，《农产品质量安全法》所调整的农产品与《中华人民共和国食品安全法》《中华人民共和国产品质量法》所调整的食品、产品有所不同。《中华人民共和国食品安全法》规定，食品包括各种供人食用或者饮用的成品和原料，食品的生产不包括种植业和养殖业。也就是说，《中华人民共和国食品安全法》所调整的“食品”是以“农产品”为主要原料的加工品。《中华人民共和国产品质量法》调整的食品是“经过加工、制作”的“产品”。

(2)农产品质量安全的内涵

《农产品质量安全法》第三条规定,农产品质量安全是指农产品质量符合保障人的健康、安全的要求。农产品质量安全既涉及人体健康、安全的质量要求,也包括产品的营养成分、口感、色香味等非安全性的一般质量指标。

2.农产品质量安全主体和管理环节

农产品质量安全主体包括:县级以上人民政府和所在地乡级人民政府;县级以上人民政府农业主管部门;县级以上人民政府有关部门(标准);农产品生产者、销售者、消费着、公众;农业科研教育机构和农业技术推广机构;农产品生产企业、农产品批发市场;农民专业合作经济组织;农产品收购单位和个人;农产品质量安全监测机构;任何单位、个人和相关单位。

行为主体既包括农产品的生产者和销售者,也包括农产品质量安全管理者和相应的检测技术机构和人员等。

管理环节既包括产地环境、农业投入品的科学使用、农产品生产和产后处理的标准化管理,也包括农产品的包装、标识、标志和市场准入管理。

3.农产品质量安全标准

国家建立农产品质量安全体系,农产品质量安全标准是强制性的技术规范。发展无公害农产品、绿色食品和有机农产品是我国农产品质量安全管理工作的重要内容。无公害农产品是保障农产品基本消费安全的底线,绿色食品是我国农业精品品牌,有机农产品是顺应国际潮流而发展起来的服务于出口和高端市场的产品。

二 农产品质量安全基本制度

农产品不同于工业产品，具有生物性、鲜活、易腐、难储藏、产品规格又不易统一的特点；同样，农产品生产也不同于工业品生产，从农业生产到餐桌，要经过农业产地环境、农业投入品使用、收割屠宰、储藏运输、保鲜、包装等多个环节，供应链条长，运用技术复杂，污染源多，所需要的监管方式具有特殊性，农产品质量安全监管的难度也相应增大。

针对农产品的特点及我国农产品生产经营方式分散、生产规模小、品种与产品品牌不统一、加工水平和产业化经营水平低、工业污染和农业生产自身污染严重的现实，需要由法律规范、监管、保障农产品质量中的安全性要求。为此，《农产品质量安全法》中规定了一系列农产品质量安全的基本制度。包括：农产品质量安全管理体制制度；农产品质量安全标准的强制实施制度；农产品产地管理制度；农产品的包装和标识管理制度；农产品质量安全监督检查制度；农产品质量安全风险分析评估和信息发布制度；农产品质量安全责任追究制度七项基本制度，建立了农产品从农田到市场全程监管体系，加强了产地环境监管、农业投入品监管、市场准入监管和农产品质量安全监管。

1.农产品质量安全管理体制制度

农产品质量监督管理体制是根据《国务院关于进一步加强食品安全工作的决定》做出的。具体体现：第一，国务院和县级以上地方人民政府的农业行政主管部门是农产品质量安全的主管部门，依法履行对农产品质量安全的监督管理工作；第二，国务院和县级以上地方人民政府的有关部门，包括质检、工商、卫生、食品药品监管、环保部门，按照职责分工，负责农产品质量安全的有关工作。

2.农产品质量安全标准的强制实施制度

农产品质量安全标准的强制实施制度包括以下几方面的内容：

（1）国家引导、推广农产品标准化生产

从农业生产到餐桌，要经过农业产地环境、农业投入品使用、收获屠宰捕捞、储藏运输、保鲜、包装等多个环节，供应链条长，运用技术复杂，污染源多。为使农产品质量安全水平提高，国家引导、推广农产品标准化生产。《中华人民共和国农业法》第二十二条规定："国家采取措施提高农产品的质量，建立健全农产品质量标准体系和质量检验检测监督体系，按照有关技术规范、操作规程和质量卫生安全标准，组织农产品的生产经营，保障农产品质量安全。2003 年 12 月，国务院办公厅发布的《关于进一步做好农业标准化工作的通知》，将加强农业标准化示范区建设、推进农产品标准化生产作为农业标准化工作的主要任务。

（2）国家鼓励和支持生产优质农产品

我国农业发展已实现传统农业向现代化农业转变，"高产、优质、高效、生态、安全"是现代化农业发展的基本目标。《中华人民共和国农业法》第二十三条规定"国家鼓励和扶持发展优质农产品生产。县级以上地方人民政府应当结合本地情况，按照国家有关规定采取措施，发展优质农产品生产"。

我国现阶段安全优质农产品包括无公害农产品、绿色食品和有机农产品。

（3）禁止生产、销售不符合国家规定的农产品质量安全标准的农产品

第一，禁止在有毒有害物质超过规定标准的区域生产、捕捞、采集食用农产品和建立农产品生产基地。第二，农产品生产企业和农民专业合作经济组织，对自行或者委托检测机构检测的不符合农产品质量安全标准的农产品，不得销售。第三，农产品批发市场对进场销售的农产品经检

测发现不符合农产品质量安全标准的，应当要求销售者立即停止销售。第四，农产品销售企业对其销售的农产品，经检验不符合农产品质量安全标准的，不得销售。第五，含有国家禁止使用的农药、兽药或者其他化学物质的农产品，不得销售。第六，农药、兽药等化学物质残留或者含有重金属等有毒有害物质不符合农产品质量安全标准的，不得销售。第七，含有致病性寄生虫、微生物或者生物毒素不符合农产品质量安全标准的，不得销售。第八，使用的保鲜剂、防腐剂、添加剂等材料不符合国家有关强制性的技术规范的，不得销售。第九，其他不符合农产品质量安全标准的，不得销售。

(4)农产品质量安全标准体系

农产品质量安全标准体系由有关技术规范(农业国家标准、行业标准、地方标准、企业标准)、操作规程和质量安全标准组成。按照标准的内容，目前我国的农产品质量安全标准包括：安全卫生类标准；农业资源环境类标准；农业投入品类标准；动植物防疫检疫类标准；管理规范类标准；品质规格类标准；生产技术规程；分析测试方法标准；名词术语类标准九大类。

农产品在包装、保鲜、贮存、运输中所使用的保鲜剂、防腐剂、添加剂等材料，应当符合国家有关强制性的技术规范。

3.农产品产地管理制度

生产环境与生产条件对农产品质量安全具有直接、重大的影响，为了从源头上加强管理，防止因农产品产地污染而危及农产品质量安全，法律对此做了以下规定。

(1)对农产品生产区域实行分类管理

根据农产品品种特性和生产区域大气、土壤、水体中有毒有害物质状况等因素，确定不适宜特定农产品生产的禁止生产的区域并及时进行调整。禁止生产的区域是指农产品产地中有毒有害物质超过相关标准要求，经采取技术措施后，产地和农产品质量仍然超过相关质量标准的，列为禁止生产的区域。

(2)规范农产品基地建设

规范农产品基地建设，就是要求县以上人民政府应当采取措施，加强农产品基地建设，改善农产品的生产条件，县级以上人民政府农业行政主管部门要推进保障农产品质量安全的标准化生产综合示范区、示范农场、养殖小区和无规定动植物疫病区的建设；禁止在有毒有害物质超过规定标准的区域生产、捕捞、采集食用农产品和建立农产品生产基地。

(3)加强对农产品的生产环境保护

禁止违反法律法规的规定向农产品产地排放或者倾倒废水、废气、固体废料或者其他有毒有害物质，农业生产用水和用作肥料的固体废物应当符合国家规定的标准。农业生产者应当合理使用化肥、农药、兽药、农用薄膜等化工产品，防止对农产品产地造成污染。

(4)农产品生产记录制度

农产品生产记录，是记载使用农产品投入品的名称、来源、用法、用量和使用、停用日期和动物疫病、植物病虫草害的发生和防治情况以及收获、屠宰或者捕捞的日期等情况，是实现农产品质量可溯源的依据，是规范农业生产管理过程，加强农产品质量安全控制的有效措施。

农产品生产记录的主体是农产品生产企业和农民专业合作经济组织，法律要求农产品生产记录的主体要本着必须、简明、有效的原则，如实记载规定事项。如实记载的事项包括：使用农业投入品的名称、来源、用法、用量和使用、停用的日期；动物疫病、植物病虫草害的发生和防治情况；收获、屠宰或者捕捞的日期。

生产记录应当保存两年。

按照农产品生产企业与农产品生产者个人区别对待的原则，鼓励农产品生产者个人建立农产品生产记录。

4.农产品的包装和标识管理制度

农产品的包装和标识，对于方便消费者识别农产品质量安全追溯制度有重要作用。农产品质量安全法对农产品包装和标识加以规范，针对转基因农产品特别做出规定，属于农业转基因生物农产品，应当按照农业转基因生物安全管理的有关规定进行标识。

用于销售的农产品应当进行包装、标识；不能包装、标识或者不需要包装、标识的除外。使用的保鲜剂和防腐剂等要符合安全、环保、卫生规定。属于农业转基因工程生物农产品，应当进行基因标识；依法需要实施检疫的动植物及其产品，应当附具检疫合格标识、检疫证明。

5.农产品质量安全监督检查制度

为防止不符合农产品质量安全标准的产品流入市场、进行消费，危害人民群众健康、安全，对农产品加强监督检查，是保障农产品消费安全的重要措施，也是农产品质量安全监管部门必须履行的法定职责，法律做了几项禁止性规定。

（1）禁止进入市场销售的农产品范围

第一，禁止生产、销售不符合国家规定的农产品质量安全标准的农产品。第二，禁止在有毒有害物质超过规定标准的区域生产、捕捞、采集食用农产品和建立农产品生产基地。第三，禁止违反法律法规的规定向农产品产地排放或者倾倒废水、废气、固体废物或者其他有毒有害物质。第四，禁止伪造农产品生产记录。第五，禁止在农产品生产过程中使用国家明令禁止使用的农业投入品。

（2）农产品质量安全市场准入制度

农产品质量安全市场准入制度是指在农产品进入市场时要严格

把关。

第一,凡含有国家禁止使用的农药、兽药或其他化学物质的。第二,农药、兽药等化学物质残留或者含有的重金属等有害物质不符合农产品质量安全标准的。第三,含有的致病性寄生虫、微生物或者生物毒素不符合农产品质量安全标准的。第四,使用的保鲜剂、防腐剂和添加剂等材料不符合安全、环保、卫生等国家有关强制性的技术规范的。第五,禁止冒用、使用无公害等农产品质量标志的。第六,其他不符合农产品质量安全标准的。

对于销售上述几类农产品,应承担较为严格的法律责任。农产品生产企业、农民专业合作经济组织和农产品销售企业、农产品批发市场中违法销售严禁销售的农产品,责令停止销售,追回已销售的农产品,对违法销售的农产品进行无害化处理或者监督销毁,没收非法所得,并对销售者处以两千元以上两万元以下的罚款。给消费者造成损害的,还应依法承担赔偿责任。

(3)农产品质量安全监督检查制度

第一,农产品质量安全监督检查的概念。按照农产品质量安全标准对农产品加强监督检查,是保障农产品消费安全的重要措施。法律明确规定国家建立农产品质量安全检测制度,是为了掌握和了解农产品质量安全状况,根据农产品质量安全风险评估结果,对农产品质量安全水平进行检验、分析、评价和公告的活动。农产品质量安全标准是评价农产品安全的重要依据,也是农产品质量安全管理的重要手段,是一种政府行为。农产品质量安全监测制度是政府实施农产品质量安全监督管理的重要手段,承担着为政府提供技术决策、技术服务和技术咨询的重要职能,在保障农产品消费安全、促进农业结构战略性调整、提高农产品市场竞争力和调节农产品进出口贸易等方面具有重要的地位和作用。

国家对农产品质量安全进行监督检查,对生产中或者市场上销售的农产品进行监督性抽查是主要方式。监督性抽查是指行政执法机关为了有效地指导和监督分散的农产品生产，防止不合格的农产品流入市场，执法部门组织检测机构对生产、经营的农产品，依据有关规定进行抽样、检验，并对抽查结果依法公告和处理的活动。抽查结果由国务院农业行政主管部门或者省、自治区、直辖市人民政府农业行政主管部门按照权限予以公布，以保证公众对农产品质量安全状况的知情权。

监督抽查检测，应当委托具备相应的检测条件和能力，由省级及省级以上人民政府农业行政主管部门或者授权的部门考核合格。

法律规定，国家建立农产品质量安全标准体系，其具体内容是：明确国家推行农产品标准化生产和规范化管理，生产无公害农产品，鼓励生产绿色食品和有机农产品；建立健全农产品质量安全标准体系，明确农产品质量安全标准分类；制定涉及人体健康安全、动植物安全、资源和环境保护的强制性标准，和其他农产品的推荐性标准。所以，农产品质量安全标准是强制性的技术规范。

第二，农产品质量安全监督检查的具体方式。对农产品的监测结果由国务院农业主管部门或者省、市、自治区、直辖市人民政府按照权限予以公布；规范了监督性抽查，即县级以上人民政府农业主管部门可以对生产中或市场上销售的农产品进行监督性抽查；上级农业主管部门监督抽查的农产品，下级农业主管部门不得另行重复抽查；农产品监测机构由农业主管部门设立或由国务院农业主管部门根据需要指定的其他检测机构承担农产品质量安全监督性抽查的检测工作；农产品质量安全检测机构在监督性抽查检测中不得对被抽查对象收取费用，抽取的样品不得超过国务院农业主管部门规定的数量。

(4)农产品批发市场和销售企业的检测

我国的农产品主要通过批发市场流通和农产品销售企业进行销售，

因此对农产品销售的主要环节的监督管理是保障农产品质量安全的重要屏障。《农产品质量安全法》规定对农产品批发市场、超市等农产品销售企业进行专门的规范。具体说来包括：

第一，农产品批发市场应当设立或者委托农产品质量安全检测机构，对进场销售的农产品质量安全状况进行抽查检测。农产品批发市场发现不符合农产品质量安全标准的，应当要求销售者立即停止销售，并向农业行政主管部门报告。农产品批发市场如果有不符合农产品质量安全标准的农产品，即：一是凡含有国家禁止使用的农药、兽药或其他化学物质的；二是农药、兽药等化学物质残留或者含有重金属等有害物质不符合农产品质量安全标准的；三是含有的致病性寄生虫、微生物或者生物毒素不符合农产品质量安全标准的；四是使用的保鲜剂、防腐剂和添加剂等材料不符合安全、环保、卫生等国家有关强制性的技术规范的；五是其他不符合农产品质量安全标准的。将有工商行政管理部门责令农产品的直接销售者停止销售，追回已经销售的农产品，对违法销售的农产品进行无害化处理或者予以监督销毁，并没收违法所得，对直接销售者处以两千元以上两万元以下的罚款。消费者购买到上述不符合农产品质量安全标准的农产品可以直接向农产品生产者、销售者要求赔偿，也可以向农产品批发市场要求赔偿，农产品批发市场有权向生产者、销售者追偿。

第二，农产品销售企业应当建立健全进货检查验收制度，要求农产品销售企业要配置相应的农产品质量安全检测设施，配备专门的检测人员，建立完善的检测技术规范和检测制度。对于国家禁止进入市场销售的农产品，一律不得销售。农产品销售企业如果销售不符合农产品质量安全标准的农产品，将有工商行政管理部门责令农产品的直接销售者停止销售，追回已经销售的农产品，对违法销售的农产品进行无害化处理或者予以监督销毁，并没收违法所得，对直接销售者处以两千元以上两万元以下的罚款。

（5）农产品质量安全事故报告、处理程序

法律规定，发生农产品质量安全事故时，有关单位和个人应当采取控制措施，及时向所在地人民政府和县级人民政府农业行政主管部门报告；收到报告的机关应当及时处理并报上一级人民政府和有关部门。发生重大农产品质量安全事故时，农业行政主管部门应当及时通报同级食品药品监督管理部门。

有关部门采取的防止或者减轻危害的措施，相关单位和个人必须无条件服从。如果有关部门采取的措施是必要的，因执行该措施而受到损失的单位和个人无权要求有关部门赔偿；如果能够证明有关部门所采取的措施是不必要的或者不合理的，因执行该措施而受到损失的单位和个人，有权要求有关部门予以赔偿。

6.农产品质量安全风险分析评估和信息发布制度

（1）农产品质量安全风险评估的概念

建立农产品质量安全监测制度是为了全面、及时、准确地掌握和了解农产品质量安全状况，根据农产品质量安全风险评估结果，对风险较大的危害进行例行监测，既为政府管理提供决策依据，又为有关团体和公众及时了解相关信息，最大限度地减少影响农产品质量安全的因素对人民身体造成危害。

农产品质量安全监测制度的具体规定主要包括：监测计划的制定依据、监测的区域、监测的品种和数量、监测的时间、产品抽样的地点和方法、监测的项目和执行标准、判定的依据和原则、承担的单位和组织方式、呈送监测结果和分析报告的格式、结果公告的时间和方式等。

农产品质量安全风险分析是通过研究、分析及管理等一系列复杂过程确定农产品危害因素及水平，并采取有效补救控制措施的过程。风险分析通常由风险评估、风险管理和风险交流三部分组成。

（2）农产品风险评估制度的主要目标

确立农产品质量安全风险评估法律地位，是国际上农产品质量安全立法的趋势，也是世界贸易组织（WTO）《实施卫生与植物卫生措施协议》（SPS 协议）的基本要求。同时《技术性贸易壁垒协议》（BTB 协议）均赋予了安全风险评估的贸易争端仲裁地位。

第一，质量安全风险评估制度是实现我国农产品质量安全管理科学化的基础，为农业部实施农产品质量安全监管服务。也是打破各国和建立农产品技术性贸易措施的重要技术基础。所以，法律中建立的质量安全风险评估制度是非常重要的。

第二，满足 WTO 对其成员国必须采取风险评估的要求。《SPS 协议》要求，风险评估最终成为国际通行做法，当发生农产品贸易纠纷时，WTO 争端解决结构必须采用风险评估的方法给予科学的解释。我国作为 WTO 主要成员国，应用风险评估制度能更加科学、合理和有效地对农产品质量安全进行管理。

（3）风险评估制度的主要内容

第一，农产品质量安全风险评估专家委员会的设立和职能。原则上负责农产品质量安全风险评估的机构是农产品安全评估专家委员会，由国务院农业行政主管部门设立，包括农业、食品药品、卫生、环境保护、检验检疫等有关方面的专家组成。其职能就是对可能影响农产品质量安全的潜在危害进行风险分析和评估。

第二，农产品质量安全评估的作用。农产品质量安全评估是为了使有关部门采取有效措施避免或减少农产品质量安全的潜在危害的发生，其作用主要体现在：一是国务院农业行政主管部门采取相应的农产品质量安全管理措施的依据；二是其他有关部门进行农产品质量安全有关工作的参考。

7.农产品质量安全责任追究制度

关于农产品质量安全责任追究，我国与发达国家在行政管理、信息管理以及农产品质量安全追究的标准和法规的制定上，都有很多差距。为加强对农产品质量安全的有效监管，法律规定了农产品质量安全追究制度。

农产品质量安全追究制度是指从供应链的终端（产品使用者）到始端（产品生产者或原料供应商）识别产品或产品成分来源的过程，即通过记录或标识追述产品的历史、用途或位置的过程。农产品质量安全追究制度的主要目的：第一，是提高农产品供应链的透明度，增强消费者对农产品的信任度；第二，有效查清农产品质量安全事件的主要责任，以便准确采取措施，如实施召回制度等。

农产品质量安全追究制度的内容：县级以上人民政府农业行政主管部门在农产品质量安全监督管理中，发现有国家禁止进入市场销售的农产品，应当按照农产品安全责任追究制度的要求，查明责任人。对有关责任人应当按照相关法律法规的规定予以处理；不属于农业行政主管部门职责范围内的，应当移交有权处理的部门，并提出处理意见。

8.其他相关制度

（1）食用农产品产地准出制度

农业部门分品种、分类别逐步建立以农产品检疫合格证明、农产品质量合格证明为基础的食用农产品产地准出制度。

（2）进口农产品检验

进口农产品必须依据国家规定的农产品质量安全标准事实对进口农产品的检验。农产品质量安全标准是强制性的技术规范，凡在我国生产、销售的农产品都要符合这一标准，进口的农产品在我国销售应当符合农产品质量安全标准。国家规定的农产品质量安全标准，对进口农产品的检验项目、检验内容、检验程序等进行了规定。

检验的内容主要包括：农产品产地、农产品生产过程、农产品包装，及标识等，涵盖了包括大气、土壤、水体等农产品的产地环境；农药、兽药、饲料、肥料、保鲜剂、防腐剂、添加剂等投入品；生产、包装、保鲜、贮存、运输、销售各个环节。

在检验工作实践中，对某些农产品，可能尚缺乏与之相对的农产品质量安全标准、技术要求及相关的检验方法，对于此类农产品的质量安全标准制定公布之前，可以参照国家有关部门指定的国外有关标准进行检验。

三 食用农产品安全相关法律规定

1. 食用农产品范围的界定

食用农产品是指来源于农业活动的初级产品，即在农业活动中获得的、供人食用的植物、动物、微生物及其产品。“农业活动”既包括传统的种植、养殖、采摘、捕捞等农业活动，也包括设施农业、生物工程等现代农业活动。“植物、动物、微生物及其产品”是指在农业活动中直接获得的以及经过分拣、去皮、剥壳、粉碎、清洗、切割、冷冻、打蜡、分级、包装等加工，但未改变其基本自然性状和化学性质的产品。（法律依据：《农业部 食品药品监管总局 加强食用农产品质量安全全程监管合作协议》）

2.食用农产品相关制度

（1）食用农产品市场准入制度

为确保市场销售食用农产品质量安全，杜绝不合格食用农产品流入市场，依据《中华人民共和国食品安全法》和《中华人民共和国食用农产品市场销售质量安全监督管理办法》(以下简称《办法》)的规定，食用农产品进入市场应达到相应的要求。

第一，规定市场准入的条件。《办法》规定，食用农产品进入批发、零售等集中交易市场，必须提供食用农产品产地证明或者购货凭证、合格证明文件；无法提供产地证明或者购货凭证、合格证明文件的，必须进行抽样检验或者快速检测；检验合格的，方可进入市场销售。

第二，对肉类和进口食用农产品市场准入做了重点规定。销售按照有关规定需要检疫、检验的肉类，应当提供检疫合格证明、肉类检验合格证明等证明文件。销售进口食用农产品，应当提供出入境检验检疫部门出具的入境货物检验检疫证明等证明文件。

第三，对批发市场食用农产品准入做了专门规定。食用农产品进入批发市场销售，批发市场开办者应当与入场销售者签定食用农产品质量安全协议，未签定食用农产品质量安全协议的，不准进入批发市场进行销售。

(2)食用农产品市场准入制度。参考农业部制定的《食用农产品合格证管理办法》。

(3)食用农产品追溯体系制度。参考《农业部关于加快推进农产品质量安全追溯体系建设的意见》。

(4)农产品质量安全信息发布制度。参考《农产品质量安全信息发布管理办法(试行)》。

(5)进货查验记录制度。参考食药监总局出台的《食用农产品市场销售质量安全监督管理办法》。

3.食用农产品安全监管

(1)关于《中华人民共和国农产品质量安全法》(以下简称《农产品质量安全法》)执法监管的主体

《中华人民共和国食品安全法》(以下简称《食品安全法》)规定,除制定有关食用农产品的质量安全标准、公布食用农产品质量安全有关信息适用《食品安全法》外,对食用农产品的质量安全管理适用《农产品质量安全法》。食用农产品监管体制调整后,《农产品质量安全法》规定的食用农产品进入市场后的质量安全监管职责由食品药品监管部门依法履行,农业行政主管部门不再履行食用农产品进入市场后的相应质量安全监管职责。农业部门根据监管工作的需要,可进入批发、零售市场开展农产品质量安全风险评估和风险监测工作。

(2)食用农产品市场销售质量安全监督管理

依据《食用农产品市场销售质量安全监督管理办法》的要求,国家对在销售食用农产品的批发市场和零售市场(含农贸市场)等集中交易市场中进行的食用农产品市场销售,是指通过集中交易市场、商场、超市、便利店等销售食用农产品的监管活动,也做了详细的规定。

4.食用农产品质量安全追溯体系

通过监督食用农产品经营者落实进货查验制度,实现与农业部门建设食用农产品质量安全追溯体系的衔接。

食用农产品市场销售质量安全监督管理。(法律依据:《食用农产品市场销售质量安全监督管理办法》国家食品药品监督管理总局 2016 年 3 月 1 日实施)。食用农产品市场销售质量安全及其监督管理适用本办法。主要包含以下三方面内容:

(1)食用农产品市场销售质量安全监督管理。

(2)通过批发市场、零售市场(含农贸市场)等集中交易市场、商场、超市、便利店等销售食用农产品的活动。

(3)柜台出租者和展销会举办者销售食用农产品的,参照集中交易市场开办者的规定执行。

5.违反食用农产品安全的法律责任

《食品安全法》第八条规定，在食品加工、销售、运输、贮存等过程中，违反食品安全标准，超限量或者超范围滥用食品添加剂，足以造成严重食物中毒事故或者其他严重食源性疾病的，依照《中华人民共和国刑法》第一百四十三条的规定以生产、销售不符合安全标准的食品罪定罪处罚。

在食用农产品种植、养殖、销售、运输、贮存等过程中，违反食品安全标准，超限量或者超范围滥用添加剂、农药、兽药等，足以造成严重食物中毒事故或者其他严重食源性疾病的，依法定罪处罚。（注释：两高《关于办理危害食品安全刑事案件适用法律若干问题的解释》第八条。）

四 《中华人民共和国农产品质量安全法（修订草案）》的有关情况

2021 年 9 月 1 日，李克强总理主持召开国务院常务会议，通过《中华人民共和国农产品质量安全法（修订草案）》。会议决定将草案提请全国人大常委会审议。

草案全面落实食品药品安全“四个最严”要求，进一步加强农产品生产经营全过程管控。明确生产经营者主体责任、地方政府属地责任和相关部门监管责任。建立食用农产品质量安全追溯制度。完善监督措施，强化问责执法，大幅提高对违法违规行为的惩处力度。

修订后的《中华人民共和国农产品质量安全法》拟增加至八章八十四条，八大重要修订内容如下：

1.监管对象实现全覆盖

修订草案将个体农户、家庭农场等纳入法律调整范围，由原来只管企业和合作社，扩大到覆盖所有农产品生产经营主体。

2.坚持从严处罚

修订草案参照《食品安全法》的法律责任条款，提高罚款金额，增加行政拘留等处罚方式，强化与刑事司法衔接，提高违法成本。

3.建立农产品产地安全监测制度

农产品产地是农业生产的载体，是实施“从田间到餐桌”的全过程质量控制的重要环节。修订草案将农产品产地安全监测制度上升为法律规定，并将产地安全与农产品质量安全的协同监测结果，作为特定农产品禁止生产区域划定的重要依据。

修订草案还规定，建立农业投入品追溯制度，鼓励研发推广使用低毒低残留农药兽药，科学指导农业投入品减量使用技术。

4.删除无公害农产品标志的有关表述

5.建立食用农产品合格证制度

食用农产品合格证是指食用农产品生产经营者对所生产经营食用农产品自行开具的质量安全合格标识。食用农产品合格证制度的建立在法律层面明确食用农产品合格证的法律地位。

6.高风险农产品实施强制性追溯

农产品质量安全追溯体系建设是加强农产品质量安全监管的重要抓手。修订草案明确建立农产品质量安全全程追溯制度，对高风险农产品实施强制性追溯。

7.修改完善投诉举报和信用管理等制度

修订草案进一步完善了投诉举报制度，并将现行《农产品质量安全法》中有关检举、揭发和控告等用词统一改为投诉举报。同时，修订草案增加了信用管理制度。

8.鼓励发展优质农产品

推行农产品分等分级，鼓励发展安全优质绿色农产品公共品牌。修订草案新增了相应条款，规定国家鼓励行业协会、企业等主体及地方农业农村等部门制定的农产品品质标准，推行农产品分等分级。

第二节　食品安全法律制度

为保证食品安全，保障公众身体健康和生命安全。2009 年 2 月 28 日，第十一届全国人大常委会第七次会议通过了《中华人民共和国食品安全法》，2009 年 6 月 1 日《中华人民共和国食品安全法》施行。2021 年 4 月 29 日 第二次修订。

《中华人民共和国食品安全法》共十一章一百五十四条，涉及食品安全法律的基本制度和责任承担。

一 食品安全法的目标任务和适用范围

1.目标原则

(1)为保证食品安全，保障公众身体健康和生命安全。

(2)食品安全工作实行预防为主、风险管理、全程控制、社会共治，建立科学、严格的监督管理制度。

(3)食品生产经营者对其生产经营食品的安全负责。食品生产经营者应当依照法律法规和食品安全标准从事生产经营活动，保证食品安全、诚信自律、对社会和公众负责、接受社会监督、承担社会责任。

2.适用范围

在中华人民共和国境内从事下列食品活动：

(1)食品生产和食品经营。包括食品生产和加工、食品销售和餐饮服务。

(2)食品添加剂的生产经营。

(3)食品相关产品的生产经营。包括用于食品的包装材料、容器、洗涤剂、消毒剂和用于食品生产经营的工具、设备。

(4)食品生产经营者使用食品添加剂、食品相关产品。

(5)食品的储存和运输。

(6)对食品、食品添加剂和食品相关产品的安全管理。

(7)食用农产品的市场销售、有关质量安全标准的制定、有关安全信息的公布和本法对农业投入品做出规定。

供食用的源于农业的初级产品(以下称食用农产品)的质量安全管理,遵守《中华人民共和国农产品质量安全法》的规定。

(8)其他特殊的规定。

第一,转基因食品和食盐的食品安全管理,本法未做规定的,适用其他法律、行政法规的规定。

第二,铁路、民航运营中食品安全的管理办法由国务院食品药品监督管理部门会同国务院有关部门依照本法制定。

第三,保健食品的具体管理办法由国务院食品药品监督管理部门依照本法制定。

第四,食品相关产品生产活动的具体管理办法由国务院质量监督部门依照本法制定。

第五,国境口岸食品的监督管理由出入境检验检疫机构依照本法以及有关法律、行政法规的规定实施。

第六,军队专用食品和自供食品的食品安全管理办法由中央军事委员会依照本法制定。

二 食品和食品安全相关概念

1.食品

食品是指各种供人食用或者饮用的成品和原料以及按照传统既是食品又是中药材的物品,但是不包括以治疗为目的的物品。

2.食品安全

食品安全指食品无毒、无害,符合应当有的营养要求,对人体健康不造成任何急性、亚急性或者慢性危害。(1)食品数量安全,亦称食品安全保障,是指一个单位范畴(国家、地区或家庭)能够生产或提供维持其基本生存所需的膳食需要,从数量上反映居民食品消费需求的能力。(2)食品质量安全,即食品安全,是指一个单位范畴(国家、地区或家庭)从生产或提供的食品中获得营养充足、卫生安全的食品消费以满足其正常生理需要,即维持生存生长或保证从疾病、体力劳动等各种活动引起的疲乏中恢复正常的能力。(3)食品可持续安全,是指一个国家或地区,在充分合理利用和保护自然资源的基础上,确定技术和管理方式以确保在任何时候都能持续、稳定地获得食品,使食品供给既能满足现代人类的需要又能满足人类后代的需要。(4)绝对安全性和相对安全性。①绝对安全性,指食品食用后对人体没有任何风险。②相对安全性,指一种食物或食物的成分在合理食用方式和正常食量的情况下,不会导致对健康损害的实际确定性。

3.食用农产品

食用农产品是指在农业活动中获得的供人食用的植物、动物、微生物及其产品,是指使用的源于农业的初级产品。(来源注释:《食用农产品合格证管理办法》(试行),农业部 2016 年 7 月 22 日,农业部网站。)

农业活动,指传统的种植、养殖、采摘、捕捞等农业活动,以及设施农业、生物工程等现代农业活动。植物、动物、微生物及其产品,指在农业活动中直接获得的,以及经过分拣、去皮、剥壳、干燥、粉碎、清洗、切割、冷冻、打蜡、分级、包装等加工,但未改变其基本自然性状和化学性质的产品。(来源注释:《食用农产品市场销售质量安全监督管理办法》国家食品药品监管总局第20号,2016年1月5日,农业部网站。)

4.不安全食品

不安全食品,是指食品安全法律法规规定禁止生产经营的食品以及其他有证据证明可能危害人体健康的食品。(来源注释:《食品召回管理办法》自2015年9月1日起施行。)

5.预包装食品

预包装食品，指预先定量包装或者制作在包装材料和容器中的食品。

6.食品添加剂

食品添加剂,指为改善食品品质和色、香、味以及为防腐、保鲜和加工工艺的需要而加入到食品中的人工合成或者天然物质，包括营养强化剂。

7.用于食品的包装材料和容器

指包装、盛放食品或者食品添加剂用的纸、竹、木、金属、搪瓷、陶瓷、塑料、橡胶、天然纤维、化学纤维、玻璃等制品和直接接触食品或者食品添加剂的涂料。

8.用于食品生产经营的工具、设备

即指在食品或者食品添加剂生产、销售、使用过程中直接接触食品或者食品添加剂的机械、管道、传送带、容器、用具、餐具等。

9.用于食品的洗涤剂、消毒剂

即直接用于洗涤或者消毒食品、餐具、饮具以及直接接触食品的工

具、设备或者食品包装材料和容器的物质。

10.食品保质期

即食品在标明的贮存条件下保持品质的期限。

11.食源性疾病

即食品中致病因素进入人体引起的感染性、中毒性等疾病，包括食物中毒。

12.食品安全事故

即食源性疾病、食品污染等源于食品，对人体健康有危害或者可能有危害的事故。

13.食品污染

食品污染，是指食品从原料的种（养）植、生长、收获（捕捞）到加工、贮存、运输、销售及食用整个过程某些有毒、有害物质进入食品而使食品的营养价值、食用价值降低或对人体产生不同程度的危害，造成食品安全性、营养性或感官性状发生改变的过程。污染食品的物质称为食品污染物。食品污染可分为三类：生物性污染、化学性污染、放射性污染。

14.食品风险分析

食品中风险是一种导致健康不良效果的可能性以及这种效果严重程度的函数，这种效果是由食品中可能导致一种健康不良效果的生物、化学或者物理因素或状态的危害所引起的。食品风险分析包含三个部分，即风险评估、风险管理和风险情况交流。

15.食品安全风险评估

食品安全风险评估，指对食品、食品添加剂中生物性、化学性和物理性危害对人体健康可能造成的不良影响所进行的科学评估，包括危害识别、危害特征描述、暴露评估、风险特征描述等。

16.餐饮服务

餐饮服务，是指通过即时制作加工、商业销售和服务性劳动等，向消费者提供食品和消费场所及设施的服务活动。

17.致病性微生物

致病性微生物，是指能够引起人类、动物和植物的病害，具有致病性的微生物。食品生产是一个时间长、环节多的复杂过程。在整个过程中存在着许许多多被致病性微生物污染的可能性。作为原料来源的活体就可能带有致病性微生物；在加工过程中，原料之间的交叉污染；加工者携带的致病性微生物也可能进入食品；在销售中会通过器具和其他途径感染致病性微生物。总之，与食品有直接和间接关系的致病性微生物都可能污染食品。这是一个复杂的致病性微生物群体，在实际工作中要对它们逐一检查是很难做到的，在很大程度上也是徒劳的。有检验意义的是能引起人类疾病和食物中毒的致病性微生物，常见的有沙门氏菌、金黄色葡萄球菌、链球菌、副溶血性弧菌、变形杆菌、志贺氏菌、禽流感病毒、黄曲霉菌和口蹄疫病毒等。

《中华人民共和国食品安全法》规定的致病性微生物包括致病菌，即指能够引起人们发病的细菌。不同的食品和不同的场合感染致病菌的种类是不一样的，检测时的参考菌群也不尽相同。例如：海产品以副溶血性弧菌作为参考菌群，蛋及蛋制品以沙门菌、金黄色葡萄球菌、变形杆菌等作为参考菌群，米、面类食品以蜡样芽孢杆菌、变形杆菌、霉菌等作为参考菌群，罐头食品以耐热性芽孢菌作为参考菌群等。

三 食品安全相关法律制度

1.食品安全风险监测制度

(1)食品安全风险监测制度的内涵

食品安全风险监测，是指对食源性疾病、食品污染以及食品中的有害因素进行监测。

(2)食品安全风险监测的方式及责任主体

①制定、实施国家食品安全风险监测计划，由国务院卫生行政部门会同国务院食品药品监督管理、质量监督等部门制定和实施。

②核实并向国务院卫生行政部门通报食品安全风险，由国务院食品药品监督管理部门和其他有关部门获知有关食品安全风险信息后，立即通报。

③调整国家食品安全风险监测计划，国务院卫生行政部门应当会同国务院有关部门分析研究后认为必要的。

④制定、实施调整本行政区域的食品安全风险监测方案，报国务院卫生行政部门备案并实施，各省、自治区、直辖市人民政府卫生行政部门会同同级食品药品监督管理、质量监督等部门，根据国家食品安全风险监测计划，结合本行政区域的具体情况执行。

2.食品安全风险评估制度

(1)食品安全风险评估制度的内涵

运用科学方法，根据食品安全风险监测信息、科学数据以及有关信息，对食品、食品添加剂、食品相关产品中生物性、化学性和物理性危害进行风险评估。

食品安全风险评估结果是制定、修订食品安全标准和对食品安全实施监督管理的科学依据。

(2)食品安全风险评估的范围

第一，通过食品安全风险监测或者接到举报发现食品、食品添加剂、食品相关产品可能存在安全隐患的。第二，为制定或者修订食品安全国家标准提供科学依据需要进行风险评估的。第三，为确定监督管理的重点领域、重点品种需要进行风险评估的。第四,发现新的可能危害食品安全因素的。第五,需要判断某一因素是否构成食品安全隐患的。第六,国务院卫生行政部门认为需要进行风险评估的其他情形。

(3)食品安全风险评估的责任主体和信息发布主体

食品安全风险评估的责任主体是国务院食品药品监督管理、质量监督、农业行政等部门。国务院食品药品监督管理部门应当及时提出食品安全风险警示,并向社会公布。

(4)食品风险安全评估与农产品质量安全风险评估的异同

农产品质量安全风险评估与食品风险安全评估，既有相同之处,也有区别。

第一,相同点。作为科学的技术手段与方法,农产品质量安全风险评估与食品风险安全评估所采用的方法与原理一致。

第二,两者的区别。①风险评估的目的不同。农产品质量安全评估是为农产品质量安全管理提供科学依据,为农业部的管理服务的。通过对可能影响农产品质量安全的潜在危害进行定性或定量的技术性评估,根据评估结果,向农业部提出风险管理应对措施。②风险评估的对象不同。农产品风险评估的对象是农产品,食品风险评估的对象是食品。农产品质量安全风险评估更关注保障“农田到餐桌”供应链中种养殖环节质量安全,其评估对象只是农产品中所存在的危害,如食品风险评估中涉及的食品添加剂,在农产品风险评估中不作为评估对象。农产品质量安全风险评估的范围主要为:农产品中农药及兽药、化学污染物、重金属、生物因素危害(微生物、生物毒素)、天然毒素、过敏源物质及由于技术发展(转基因技术)或物种变异而带来新危害的风险评估。③风险评估具体分析的因素不同。风险评估包括危害识别、危害描述、暴露评估和风险描述四个步骤,农产品风险评估的四个坚持步骤可以全面涉及,也可以部分涉及,具体涉及哪部分根据农业部监管要求来确定。

3.食品安全标准制度

(1)制定食品安全标准的原则

第一,以保障公众身体健康为宗旨,做到科学合理、安全可靠为原则。第二,食品安全标准是强制执行的标准。除食品安全标准外,不得制定其他的食品强制性标准。第三,制定食品安全国家标准,应当依据食品安全风险评估结果并充分考虑食用农产品安全风险评估结果,参照相关的国际标准和国际食品安全风险评估结果。第四,对地方特色食品,没有食品安全国家标准的,省、自治区、直辖市人民政府卫生行政部门可以制定并公布食品安全地方标准,报国务院卫生行政部门备案。第五,国家鼓励食品生产企业制定严于食品安全国家标准或者地方标准的企业标准,在本企业适用。

(2)制定食品安全标准的范围

第一,食品、食品添加剂、食品相关产品中的致病性微生物、农药残留、兽药残留、生物毒素、重金属等污染物质以及其他危害人体健康物质的限量规定。第二,食品添加剂的品种、使用范围、用量。第三,专供婴幼儿和其他特定人群的主辅食品的营养成分要求。第四,对与卫生、营养等食品安全有关的标签、标识、说明书的要求。第五,食品生产经营过程的卫生要求。第六,与食品安全有关的质量要求。第七,与食品安全有关的食品检验方法与规程。第八,其他需要制定食品安全标准的内容。

(3)制定食品安全标准的责任主体和程序

第一,食品安全国家标准由国务院卫生行政部门会同国务院食品药品监督管理部门制定、公布,国务院标准化行政部门提供国家标准编号。第二,国务院卫生行政部门、国务院农业行政部门会同国务院食品药品监督管理部门制定。包括食品中农药残留、兽药残留的限量规定及其检验方法与规程。第三,国务院农业行政部门会同国务院卫生行政部门制定屠宰畜、禽的检验规程。第四,省、自治区、直辖市人民政府卫生行政部门可以制定并公布食品安全地方标准,报国务院卫生行政部门备案。第五,国家鼓励食品生产企业制定严于食品安全国家标准或者地方标准的企业标准,在本企业适用,并报省、自治区、直辖市人民政府卫生行政部门备案。第六,省级以上人民政府卫生行政部门应当会同同级食品药品监督管理、质量监督、农业行政等部门,分别对食品安全国家标准和地方标准的执行情况进行跟踪评价,并根据评价结果及时修订食品安全标准。

4.食品生产经营相关法律制度

(1)食品生产经营管理的一般规定

第一,食品生产经营应当符合食品安全标准。

具有与生产经营的食品品种、数量相适应的食品原料处理和食品加工、包装、贮存等场所,保持该场所环境整洁,并与有毒、有害场所以及其他污染源保持规定的距离;具有与生产经营的食品品种、数量相适应的生产经营设备或者设施,有相应的消毒、更衣、盥洗、采光、照明、通风、防腐、防尘、防蝇、防鼠、防虫、洗涤,以及处理废水、存放垃圾和废弃物的设备或者设施;有专职或者兼职的食品安全专业技术人员、食品安全管理人员和保证食品安全的规章制度;具有合理的设备布局和工艺流程,防止待加工食品与直接入口食品、原料与成品交叉污染,避免食品接触有毒物、不洁物;餐具、饮具和盛放直接入口食品的容器,使用前应当洗净、消毒,炊具、用具用后应当洗净,保持清洁;贮存、运输和装卸食品的容器、工具和设备应当安全、无害,保持清洁,防止食品被污染,并符合保证食品安全所需的温度、湿度等特殊要求,不得将食品与有毒、有害物品一同贮存、运输(包括非食品生产经营者从事食品贮存、运输和装卸的);直接入口的食品应当使用无毒、清洁的包装材料、餐具、饮具和容器;食品生产经营人员应当保持个人卫生，生产经营食品时，应当将手洗净，穿戴清洁的工作衣、帽等；销售无包装的直接入口食品时，应当使用无毒、清洁的容器、售货工具和设备；用水应当符合国家规定的生活饮用水卫生标准；使用的洗涤剂、消毒剂应当对人体安全、无害；法律法规规定的其他要求。

第二，禁止生产经营下列食品、食品添加剂、食品相关产品。

用非食品原料生产的食品或者添加食品添加剂以外的化学物质和其他可能危害人体健康物质的食品，或者用回收食品作为原料生产的食品；致病性微生物、农药残留、兽药残留、生物毒素、重金属等污染物质以及其他危害人体健康的物质含量超过食品安全标准限量的食品、食品添加剂、食品相关产品；用超过保质期的食品原料、食品添加剂生产的食品、食品添加剂；超范围、超限量使用食品添加剂的食品；营养成分不符合食品安全标准的专供婴幼儿和其他特定人群的主辅食品；腐败变质、油脂酸败、霉变生虫、污秽不洁、混有异物、掺假掺杂或者感官性状异常的食品、食品添加剂；病死、毒死或者死因不明的禽、畜、兽、水产动物肉类及其制品；未按规定进行检疫或者检疫不合格的肉类，或者未经检验或者检验不合格的肉类制品；被包装材料、容器、运输工具等污染的食品、食品添加剂；标注虚假生产日期、保质期或者超过保质期的食品、食品添加剂；无标签的预包装食品、食品添加剂；国家为防病等特殊需要明令禁止生产经营的食品；其他不符合法律法规或者食品安全标准的食品、食品添加剂、食品相关产品。

(2)食品生产经营实行许可制度

根据《中华人民共和国食品安全法实施条例》《中华人民共和国食品生产许可管理办法》(2020 年 1 月 2 日国家市场管理总局第 24 号令)，依照《中华人民共和国行政许可法》的相关规定执行。

第一，食品生产经营实行许可的法律依据。

行政许可的设定范围：直接关系公共安全、人身健康、生命财产安全的重要设备、设施、产品、物品，需要按照技术标准、技术规范，通过检验、检测、检疫等方式进行审定的事项。

行政许可的实施机关：第二十八条对直接关系公共安全、人身健康、生命财产安全的设备、设施、产品、物品的检验、检测、检疫，除法律、行政法规规定由行政机关实施的外，应当逐步由符合法定条件的专业技术组织实施。专业技术组织及其有关人员对所实施的检验、检测、检疫结论承担法律责任。

第二，需要取得许可证的经营项目。

一是在中华人民共和国境内，从事食品生产活动，应当依法取得食品生产许可证。食品生产许可实行一企一证的原则，即同一个食品生产者，从事食品生产活动，应当取得一个食品生产许可证。二是销售食用农产品，不需要取得许可。三是食品生产加工小作坊和食品摊贩从事食品生产经营活动，应当符合法律规定的与其生产经营规模、条件相适应的食品安全要求，保证所生产经营的食品卫生、无毒、无害，食品药品监督管理部门应当对其加强监督管理。四是申请利用新的食品原料从事食品生产，或者生产食品添加剂新品种、食品相关产品新品种，应当向国务院卫生行政部门提交相关产品的安全性评估材料，取得许可。五是生产经营的食品可以添加按照传统既是食品又是中药材的物质，取得许可，但是不得添加药品。六是食品添加剂的生产实行许可制度。从事食品添加剂生产，应当具有与所生产食品添加剂品种相适应的场所、生产设备或者设施、专业技术人员和管理制度，并依照《中华人民共和国行政许可法》的规定和法律规定的程序，取得食品添加剂生产许可。

生产食品添加剂应当符合法律法规和食品安全国家标准。

5.食品安全全程追溯制度

食品安全全程追溯的内容和责任主体体现在：

食品生产经营者有义务采用信息化手段采集、留存生产经营信息，建立食品安全追溯体系，保证食品可追溯。

国务院食品药品监督管理部门会同国务院农业、行政等有关部门建立食品安全全程追溯协作机制。

地方各级人民政府应当采取措施鼓励食品规模化生产和连锁经营、配送。

国家鼓励食品生产经营企业参加食品安全责任保险。

6.食品生产经营过程控制制度

《中华人民共和国食品安全法》在以下几个方面强化了食品生产经营者的主体责任。

(1)企业食品安全管理制度

食品生产经营企业应当建立食品安全管理制度，配备专职或者兼职的食品安全管理人员，并加强对其培训和考核。要求企业主要负责人对本企业的食品安全工作全面负责，认真落实食品安全管理制度食品生产经营者应当建立并执行从业人员健康管理制度。

食品生产企业应当就下列事项制定并实施控制要求，保证所生产的食品符合食品安全标准：第一，原料采购、原料验收、投料等原料控制；第二，生产工序、设备、贮存、包装等生产关键环节控制；第三，原料检验、半成品检验、成品出厂检验等检验控制；第四，运输和交付控制。

(2)生产经营过程的风险控制

在食品生产经营过程中加强风险控制，要求食品生产企业建立并实施原辅料、关键环节、检验检测、运输等风险控制体系。

(3)食品安全自查和报告制度

食品生产经营者要定期检查评价食品安全状况;条件发生变化,不再符合食品安全要求的,食品生产经营者应当采取整改措施;有发生食品安全事故潜在风险的,应当立即停止生产经营,并向食品药品监管部门报告。

(4)食品安全危害调查和评估

食品安全危害调查和食品安全危害评估用来判定食品是否属于不安全食品。

食品安全危害调查主要内容包括:一是食品是否符合食品安全法律法规或标准的安全要求;二是食品是否含有非食品用原辅料、添加非食品用化学物质或者将非食品当作食品;三是食品的主要消费人群的构成及比例;四是可能存在安全危害的食品数量、批次或类别及其流通区域和范围。

食品安全危害评估的主要内容包括:一是该食品引发的食品污染、食源性疾病或对人体健康造成的危害,或引发上述危害的可能性;二是不安全食品对主要消费人群的危害影响;三是危害的严重程度和紧急程度;四是危害发生的短期后果和长期后果。

(5)其他相关规定

第一,国家鼓励食品生产经营企业符合良好生产规范要求,实施危害分析与关键控制点体系,提高食品安全管理水平。

第二,食用农产品生产者应当按照食品安全标准和国家有关规定使用农药、肥料、兽药、饲料和饲料添加剂等农业投入品,严格执行农业投入品使用安全间隔期或者休药期的规定,不得使用国家明令禁止的农业投入品。禁止将剧毒、高毒农药用于蔬菜、瓜果、茶叶和中草药材等国家规定的农作物。

第三,食用农产品的生产企业和农民专业合作经济组织应当建立农业投入品使用记录制度。

第四,食品生产企业应当建立食品原料、食品添加剂、食品相关产品进货查验记录制度,如实记录食品原料、食品添加剂、食品相关产品的名称、规格、数量、生产日期或者生产批号、保质期、进货日期,以及供货者名称、地址、联系方式等内容,并保存相关凭证。记录和凭证保存期限不得少于产品保质期满后六个月;没有明确保质期的,保存期限不得少于两年。

第五,食品生产企业应当建立食品出厂检验记录制度,查验出厂食品的检验合格证和安全状况,并如实记录食品的名称、规格、数量、生产日期或者生产批号、保质期、检验合格证号、销售日期,以及购货者名称、地址、联系方式等内容并保存相关凭证。记录和凭证保存期限不得少于产品保质期满后六个月;没有明确保质期的保存期限不得少于两年。

(6)餐饮服务相关法律规定

餐饮服务提供者应当制定并实施原料控制要求,不得采购不符合食品安全标准的食品原料。倡导餐饮服务提供者公开加工过程,公示食品原料及其来源等信息。餐饮服务提供者在加工过程中应当检查待加工的食品及原料,发现有腐败变质、油脂酸败、霉变生虫、污秽不洁、混有异物、掺假掺杂或者感官性状异常的食品、食品添加剂情形的,不得加工或者使用。

餐饮服务提供者应当定期维护食品加工、贮存、陈列等设施、设备;定期清洗、校验保温设施及冷藏、冷冻设施。餐饮服务提供者应当按照要求对餐具、饮具进行清洗消毒,不得使用未经清洗消毒的餐具、饮具;餐饮服务提供者委托清洗消毒餐具、饮具的,应当委托符合本法规定条件的餐具、饮具集中消毒服务单位。

7.标签、说明书和广告管理制度

(1)集中交易市场的开办者、柜台出租者和展销会举办者的责任应当审查入场食品经营者的许可证，明确入场食品经营者的食品安全管理责任，定期对入场食品经营者的经营环境和条件进行检查，发现食品经营者有违反本法规定的行为的，应当及时制止并立即报告所在地县级工商行政管理部门或者食品药品监督管理部门。

集中交易市场的开办者、柜台出租者和展销会举办者未履行前款规定的义务，导致本市场发生食品安全事故的，应当承担连带责任。

(2)网络交易第三方平台先负责问题

伴随着网络发展，网络食品交易、保健食品交易量越来越大，网购的快捷、方便、实惠的同时，所产生的交易纠纷也在不断地出现。

《食品安全法》规定，网络食品交易第三方平台提供者应当对入网食品经营者进行实名登记，明确其食品安全管理责任；依法应当取得许可证的，还应当审查其许可证。强化了网络食品交易第三方平台提供者对商家的审查义务。

在网络购买食品的消费者权益受到损害时，如果网络食品交易第三方平台提供者不能提供入网食品经营者的真实信息和有效联系方式的，则由网络食品交易第三方平台提供者赔偿。

网络食品交易第三方平台提供者发现入网食品经营者有违反本法规定行为的，应当及时制止并立即报告所在地县级人民政府食品药品监督管理部门；发现严重违法行为的，应当立即停止提供网络交易平台服务。

8.食品召回法律制度

(1)食品召回制度概述

在中华人民共和国境内，为加强食品生产经营管理，减少和避免不安全食品的危害，保障公众身体健康和生命安全，实行对不安全食品的停止生产经营、召回和处置及其监督管理的制度。

(2)食品召回制度的适用范围及适用对象

食品召回管理规定中规定应当召回的食品是指不安全食品。所谓不安全食品是指食品安全法律法规规定禁止生产经营的食品以及其他有证据证明可能危害人体健康的食品。包括:食用后已经或者可能导致严重健康损害,甚至死亡的食品;食用后已经或者可能导致一般健康损害;标签、标识存在虚假标注的食品;标签、标识存在瑕疵,食用后不会造成健康损害的食品,食品生产者应当改正,可以自愿召回。

食品生产经营者对进入批发、零售市场或者生产加工企业后的食用农产品的停止经营、召回和处置。(《食品召回管理办法》国家食品药品监督管理 2015 年 3 月 11 日。)

(3)食品召回的责任主体

食品生产经营者应当依法承担食品安全第一责任人的义务,建立健全相关管理制度,收集、分析食品安全信息,依法履行不安全食品的停止生产经营、召回和处置义务。

(4)食品召回的分类(《食品召回管理办法》第十三条国家食品药品监督管理 2015 年 3 月 11 日。)

根据食品安全风险的严重程度和紧急程度,食品召回分为三级:

一级召回:食用后已经或者可能导致严重健康损害,甚至死亡的,食品生产者应当在知悉食品安全风险后 24 小时内启动召回,并向县级以上地方食品药品监督管理部门报告召回计划。食品生产者应当自公告发布之日起 10 个工作日内完成召回工作。

二级召回:食用后已经或者可能导致一般健康损害,食品生产者应当在知悉食品安全风险后 48 小时内启动召回,并向县级以上地方食品药品监督管理部门报告召回计划。食品生产者应当自公告发布之日起 20 个工作日内完成召回工作。

三级召回:标签、标识存在虚假标注的食品,食品生产者应当在知悉食品安全风险后 72 小时内启动召回，并向县级以上地方食品药品监督管理部门报告召回计划。标签、标识存在瑕疵，食用后不会造成健康损害的食品，食品生产者应当改正，可以自愿召回。食品生产者应当自公告发布之日起 30 个工作日内完成召回工作。

(5)食品召回的方式

食品召回的方式包括主动召回和责令召回。主动召回，是指食品生产者通过自检自查、公众投诉举报、经营者和监督管理部门告知等方式知悉其生产经营的食品属于不安全食品的。责令召回，是指食品生产者应当主动召回不安全食品而没有主动召回的，县级以上食品药品监督管理部门。

(6)对不安全食品召回后的处置

食品生产经营者应当依据法律法规的规定，对因停止生产经营、召回等原因退出市场的不安全食品采取补救、无害化处理、销毁等处置措施。食品生产经营者应当如实记录停止生产经营、召回和处置不安全食品的名称、商标、规格、生产日期、批次、数量等内容。记录保存期限不得少于两年。

第一，采取补救措施。对因标签、标识等不符合食品安全标准而被召回的食品，食品生产者可以在采取补救措施且能保证食品安全的情况下继续销售，销售时应当向消费者明示补救措施。

第二，进行无害化处理。对不安全食品进行无害化处理，能够实现资源循环利用的，食品生产经营者可以按照国家有关规定进行处理。

第三，销毁相关产品。就地销毁，对违法添加非食用物质、腐败变质、病死畜禽等严重危害人体健康和生命安全的不安全食品，食品生产经营者应当立即集中销毁，不具备就地销毁条件的，可由不安全食品生产经营者集中销毁处理。食品生产经营者在集中销毁处理前，应当向县级以上地方食品药品监督管理部门报告。

特殊情况的处理,食品生产经营者对不安全食品的处置方式不能确定的,应当组织相关专家进行评估,并根据评估意见进行处置。

第四,违反食品召回的法律责任。食品生产经营者违反本办法有关不安全食品停止生产经营、召回和处置的规定,食品安全法律法规有规定的,依照相关规定处理。主要承担行政责任,采取责令改正,给予警告;拒不改正的,处两千元以上两万元以下罚款。同时,不免除其依法应当承担的其他法律责任。

9.网络交易出问题第三方平台先负责制度

网络食品交易第三方平台提供者应当对入网食品经营者进行实名登记,明确其食品安全管理责任;依法应当取得许可证的,还应当审查其许可证。网络食品交易第三方平台提供者发现入网食品经营者有违反《中华人民共和国食品安全法》的规定,应当及时制止并立即报告所在地县级人民政府食品药品监督管理部门;发现严重违法行为的,应当立即停止提供网络交易平台服务。

在网络食品交易第三方平台上消费者合法权益受损,可以向入网食品经营者或生产者要求赔偿。第三方平台提供者不能提供入网食品经营者真实名称、地址和有效联系方式的,由网络食品交易第三方平台提供者赔偿。

10.其他相关制度

(1)广告管理制度

《中华人民共和国食品安全法》规定,食品广告的内容应当真实合法,不得含有虚假内容,不得涉及疾病预防、治疗的功能。食品生产经营者对食品广告内容的真实性、合法性负责。

县级以上人民政府食品药品监督管理部门和其他有关部门以及食

品检验职责的机构、食品行业协会不得以广告或者其他形式向消费者推荐食品。消费者组织不得以收取费用或者其他牟取利益的方式向消费者推荐食品。

（2）食品检验制度

第一，食品检验机构资质。《中华人民共和国食品安全法》第八十四条规定，食品检验机构按照国家有关认证认可的规定取得资质认定后，方可从事食品检验活动。但是，法律另有规定的除外。

食品检验机构的资质认定条件和检验规范，由国务院食品药品监督管理部门规定。符合食品安全法规定的食品检验机构出具的检验报告具有同等效力。

第二，特殊规定。食品检验由食品检验机构指定的检验人独立进行。依照食品安全标准和检验规范对食品进行检验，尊重科学，恪守职业道德，保证出具的检验数据和结论客观、公正，不得出具虚假的检验报告。

采用国家规定的快速检测方法对食用农产品进行抽查检测，被抽查人对检测结果有异议的，可以自收到检测结果时起四小时内申请复检。复检不得采用快速检测方法。

食品生产经营企业可以自行对所生产的食品进行检验，也可以委托符合本法规定的食品检验机构进行检验。

（3）食品进出口管理制度

《中华人民共和国食品安全法》第九十一条规定了国家出入境检验检疫部门对进出口食品安全实施监督管理。进口的食品、食品添加剂以及食品相关产品应当符合我国食品安全国家标准。

具体参考：食品进出口检验与认证原则（2017 年 01 月 23 日）CAC GL 20—1995 国际食品标准（联合国粮食及农业组织、世界卫生组织）；食品进出口检验与认证体系等效协议制定导则（2017 年 01 月 23 日）CAC

GL 34—1999（联合国粮食及农业组织、世界卫生组织）；食品进出口检验与认证体系制定、实施、评估与认可导则（2017 年 01 月 23 日）CAC GL 26—1997（联合国粮食及农业组织、世界卫生组织）。

（4）食品安全事故处置制度

《中华人民共和国食品安全法》第一百〇二条规定，国务院组织制定国家食品安全事故应急预案。食品安全事故应急预案应当对食品安全事故分级、事故处置组织指挥体系与职责、预防预警机制、处置程序、应急保障措施等做出规定。

任何单位或者个人不得对食品安全事故隐瞒、谎报、缓报，不得隐匿、伪造、毁灭有关证据。

（5）信息统一公布制度

《中华人民共和国食品安全法》第一百一十八条规定，国家建立统一的食品安全信息平台。实行食品安全信息统一公布制度。国家食品安全总体情况、食品安全风险警示信息、重大食品安全事故及其调查处理信息和国务院确定需要统一公布的其他信息由国务院食品药品监督管理部门统一公布。食品安全风险警示信息和重大食品安全事故及其调查处理信息的影响限于特定区域的，也可以由有关省、自治区、直辖市人民政府食品药品监督管理部门公布。未经授权不得发布上述信息。

《中华人民共和国食品安全法》第一百二十条规定，任何单位和个人不得编造、散布虚假食品安全信息。

四 食品安全法律责任

1.行政责任承担方式

（1）行政责任承担方式

警告、责令限期改正、罚款、吊销许可证、吊销执业证书。

(2)重点关注的问题

食品生产经营者在一年内累计三次因违反食品安全法的规定,将由食品药品监督管理部门责令停产、停业,直至吊销许可证。

对在食品中添加药品,生产经营营养成分不符合国家标准的婴幼儿配方乳粉等违法行为,《中华人民共和国食品安全法》规定,最高可以处罚货值金额三十倍的罚款。在食品中添加有毒有害物质等性质恶劣的违法行为,情节严重的,直接吊销许可证。

因食品安全犯罪被判处有期徒刑以上刑罚的,终身不得从事食品生产经营管理工作,也不得担任食品生产经营企业食品安全管理人员。(具体参考《中华人民共和国食品安全法》对应法律条文:第一百二十二条、第一百二十三条、第一百二十四条、第一百二十五条、第一百二十六条。)

对明知无证者从事生产经营或者从事非法添加非食用物质等违法行为,仍然为其提供生产经营场所的行为,食品药品监督管理部门将责令违法者停止违法行为,并没收违法所得同时处以罚款处罚。(具体参考《中华人民共和国食品安全法》对应法律条文:第一百二十二条、第一百二十三条。)

2.民事赔偿责任的主要内容

(1)规定了10倍赔偿制度

生产者生产不符合食品安全标准的食品,给消费者造成损害的要进行10倍赔偿;经营者明知不符合食品安全标准进行销售的也要进行10倍赔偿。

(2)规定了民事赔偿责任优先于行政责任和刑事责任

《中华人民共和国食品安全法》第一百四十七条规定,造成人身、财产或者其他损害的,依法承担赔偿责任。生产经营者财产不足以同时承担民事赔偿责任和缴纳罚款、罚金时,先承担民事赔偿责任。

(3)规定了广告宣传的法定责任

《中华人民共和国食品安全法》第一百四十一条规定,在广告中对食品做虚假宣传,欺骗消费者,或者发布未取得批准文件、广告内容与批准文件不一致的保健食品广告的,依照《中华人民共和国广告法》的规定给予处罚。

广告经营者、发布者设计、制作、发布虚假食品广告,使消费者的合法权益受到损害的,应当与食品生产经营者承担连带责任。

社会团体或者其他组织、个人在虚假广告或者其他虚假宣传中向消费者推荐食品,使消费者的合法权益受到损害的,应当与食品生产经营者承担连带责任。

3.刑事责任

《中华人民共和国食品安全法》强化了食品安全刑事责任的追究。

对违法添加非食用物质、经营病死畜禽、违法使用剧毒高毒农药等屡禁不止的严重违法行为,增加了行政拘留的处罚。如果涉嫌犯罪,直接由公安部门进行侦查,追究刑事责任。

违反《中华人民共和国食品安全法》规定,构成犯罪的,依法追究刑事责任。刑事责任主要体现在《中华人民共和国刑法》第三章第一节第一百四十一条、第一百四十二条、第一百四十三条和第一百四十四条的规定。(具体参考《中华人民共和国食品安全法》对应法律条文:第一百二十三条。)

4.监管者和执法者的责任

《中华人民共和国食品安全法》对违反法律规定的食品检验机构及其人员、风险评估技术机构及其人员、认证机构的监管者和执法者失职行为的惩罚相当严厉。(具体参考《中华人民共和国食品安全法》对应法律条文:第一百三十七条、第一百三十八条、第一百三十九条。)

第七章 农村劳动与社会保障法律制度

第一节 农村劳动与社会保障法律制度

一 农村劳动与社会保障法的内涵

农村劳动与社会保障法包括两个具体的法律部门，分别是农村劳动法和农村社会保障法。农村劳动法是调整农村劳动关系的法律规范的总称，即为了规范农民作为弱势群体在雇佣过程中产生的劳动关系的各类法律规范总称。农村社会保障法是调整农村社会保障关系的法律规范的总称，即为了保证农村社会安定和农村经济稳步增长，国家以国民收入再分配的方式，对遭受社会风险的农村特殊群体提供基本的生活保障而制定的各种法律规范的总称。农村劳动与社会保障法是我国社会保障法律制度的重要组成部分，既包括农村社会保障基本法律，又包括其他法律中有关农村社会保障的法律规范以及相关的行政法规、地方性法规和规章。

由于各国的政治、经济、文化和发展水平等背景存在着巨大的差异，因此对于农村劳动与社会保障法，目前国际上没有一个统一的精确界定，甚至有许多国家并没有这个概念。而在我国，农村劳动与社会保障法律制度仍在改革和发展中，在总体上还处于政策选择阶段，因此我国的农村劳动与社会保障法律制度有着其特殊的内涵。

首先，作为社会保障法律制度的一部分，农村劳动与社会保障法律制度具有保障的功能，当农村社会成员遇有与劳动及收入相关的风险时，保障其最基本的生活需求，使他们不至于被整个社会发展的进程所抛弃。其次，农村劳动与社会保障法律制度采取的形式是国家政策扶持与财政扶助及成员互济相结合的形式，从而使个别农村社会成员遭遇或者可能遭遇的重大风险被国家与全体社会成员分担，以降低风险程度。最后，农村劳动与社会保障法律制度能够调节收入分配关系的平衡。农村劳动法保证农民工作为弱势群体在雇佣过程中获得应有的保障，而农村社会保障制度作为一种社会再分配的形式，可以实现高收入者向低收入者的转移支付，从而达到社会公平和稳定的目标。

二 农村劳动与社会保障法的内容

农村劳动与社会保障法是一个包含不同层次和不同保障项目的庞大法律体系，从我国的农村劳动与社会保障立法实践来看，主要包括以下内容：

1.农村劳动法律制度

农村劳动法律制度是为了保护农村劳动者的合法权益，调整农村、农民涉及的劳动关系，建立和维护适应社会主义市场经济的农村劳动制度，促进农村经济发展和社会进步的法律部门。主要包括农村、农民涉及劳动法相关法律问题和农民工相关法律问题两大部分，具体涵盖农村、农民劳动合同、工作时间、休息休假、工资、劳动安全卫生、职业培训、社会保险与福利和劳动争议等内容。

2.农村社会保险法律制度

农村社会保险法律制度是一种以劳动者的社会保险权为核心的法

律制度，这种社会保险权是一种由宪法所确认的，以特定社会成员可以要求国家提供经济帮助为主要内容的，属于生存范畴的基本人权。农村社会保险法律制度是农村社会保障法律制度的核心，农村社会保险是农村社会保障制度中最高层次的保障，农村社会保险法律制度是一种以农村劳动者的社会保险权为核心的法律制度，它是国家通过立法采取强制手段对国民收入进行再分配，对农村劳动者在遇到生、老、病、伤、残、死、失业等风险时，由于暂时或永久丧失劳动能力或暂时失去工作而给予物质帮助的形式。从当前农村的现实情况看，农民最迫切需要的社会保险主要是养老保险和医疗保险。这是因为，我国农民主要是以家庭联产承包责任制的形式进行生产经营，主要从事种养业劳动，因此，他们对失业保险和工伤保险的要求并不十分迫切。另一方面，随着农村人口老龄化以及平均寿命的延长，养老和医疗保障问题越来越突出，同时，随着社会经济的发展和人民生活水平的提高，养老费用和医疗费用也必然会不断上升。因此，当前我国农村社会保险法律制度的重点就是养老保险和医疗保险。

农村养老保险法律制度是指农村劳动者因年老而失去工作能力后，按照法律规定，由国家或社会给予一定收入补偿和提供物资帮助的一种农村社会保险制度。它是为了解除农民的养老之忧而建立的一种保障全体农民老年基本生活的法律制度，其目的在于推进我国的农村经济和社会发展。在目前经济水平下，我国农村除了少数发达地区之外，绝大多数地区的基本养老模式还是“家庭养老+社会救助供养”，这种现实状况基本反映出了我国农村目前生产力发展水平和经济社会发展水平。

农村医疗保险法律制度是当农民在非因公造成患病、损伤时，由国家给予物质帮助，提供医疗服务或经济补偿的一种社会保障法律制度。在我国农村，长期以来一直是依靠家庭的互助互济来提供医疗保障，随着家庭小型化以及农民所面对的医疗风险日益增多，家庭的保障能力显得力不从心，所以迫切需要建立农村医疗保障制度。目前，我国农村的医疗保险大体上有合作医疗、医疗保险、统筹解决住院费等多种形式，其中农村合作医疗是最普遍的形式。所谓农村合作医疗制度是指在地方各级政府的支持下，按照参加者互助共济原则组织建立起来为农村社区人群提供基本医疗卫生保健服务的医疗保健制度。

3.农村社会救助法律制度

农村社会救助法律制度是国家及各种社会群体运用掌握的资金、实物、服务等手段，通过一定机构和专业人员，按照科学的工作方法，向农村中无生活来源、丧失工作能力者，以及向生活在“贫困线”或最低生活标准以下的个人和家庭，向农村中一时遭受严重自然灾害和不幸事故的遇难者，实施的一种社会保障制度，以使受救助者能继续生存下去。

农村社会救助法律制度的受益者通常都是那些享受不到农村社会保险的弱势群体，包括由于种种原因从未参加过社会劳动的人或在享受了社会保险后仍然生活在“贫困线”以下的个人和家庭。农村社会法律制度调整的是农村最低层次的社会保障法律关系，是最广泛的、最基本的社会保障法律制度，也是农村社会保障的最后防线。社会救助因此成为我国农村社会保障法律制度的一项重要内容。

目前，我国农村社会开展的救助主要有五保户制度、灾害救助制度、困难户救助制度、医疗救助制度等，其中，困难户救助制度又包括特困户定期定量救助制度、临时救助制度和最低生活保障制度。

4.农村社会福利法律制度

农村社会福利法律制度，是指依照法律规定，以国家或社会组织为主体，向农村全体公民或弱势居民提供旨在保障其一定的生活水平和尽可能使其生活状况不断改善的资金和服务社会制度，是为农村特殊对象和社区居民提供除社会救助和社会保险外的保障措施和公益事业。由于社会福利作为较高层次的社会保障，需要有较高的经济条件为基础，而我国农村经济基础较为薄弱的现状却决定了社会福利近期不可能成为农村社会保障的发展重点，更不可能在农村推行“社会福利社会化”。目前，我国农村社会福利制度的主要任务是保障孤、寡、老、弱、病、残者基本生活的同时，对这些特殊群体提供生活方面的上门服务，并开展娱乐、康复等活动，尽可能提高其生活质量。农村社会福利法律制度的主要内容包括老人福利、妇女福利和儿童福利等。

5.农村社会优抚法律制度

农村社会优抚法律制度，是指依照法律规定，国家和社会团体对农村的现役军人、退役军人及其家属，提供保证其一定生活水平的资金和服务，进行优待、抚恤和安置的法律制度。它是一种强制的法定保障，具体项目包括对农村革命残废军人、农村退伍军人进行安置，农村烈士军属、军属及退伍军人提供优待金，为农村伤残军人提供抚恤金以及为农村优抚对象提供各种服务设施，如军人干休所、光荣院、退伍军人培训中心和职业介绍所等。农村社会优抚是一项特殊的保障，已列入国家整个社会保障体系之中，这是一项涉及国防建设和农村稳定的十分重要的工作。

第二节　农村劳动法律制度

一　劳动法相关法律问题

1.劳动合同

劳动合同是劳动者与用人单位确立劳动关系、明确双方权利和义务的协议。订立和变更劳动合同,应当遵循平等自愿、协商一致的原则,不得违反法律、行政法规的规定。建立劳动关系,应当订立书面劳动合同。已建立劳动关系、未同时订立书面劳动合同的,应当自用工之日起一个月内订立书面劳动合同。用人单位与劳动者在用工前订立劳动合同的,劳动关系自用工之日起建立。

劳动合同的期限分为有固定期限、无固定期限和以完成一定的工作为期限。劳动者在同一用人单位连续工作满十年以上,当事人双方同意续延劳动合同的,如果劳动者提出订立无固定期限的劳动合同,应当订立无固定期限的劳动合同。

劳动合同应当具备以下条款:①用人单位的名称、住所和法定代表人或者主要负责人;②劳动者的姓名、住址和居民身份证或者其他有效身份证件号码;③劳动合同期限;④工作内容和工作地点;⑤工作时间和休息休假;⑥劳动报酬;⑦社会保险;⑧劳动保护、劳动条件和职业危害防护;⑨法律、法规规定应当纳入劳动合同的其他事项。劳动合同可以约定试用期。试用期最长不得超过六个月。

用人单位与劳动者协商一致,可以解除劳动合同。劳动者提前三十日以书面形式通知用人单位,可以解除劳动合同。劳动者在试用期内提前三日通知用人单位,可以解除劳动合同。

2.工作时间和休息休假

国家实行劳动者每日工作时间不超过八小时、平均每周工作时间不超过四十四小时的工时制度。用人单位应当保证劳动者每周至少休息一日。用人单位由于生产经营需要,经与工会和劳动者协商后可以延长工作时间,一般每日不得超过一小时;因特殊原因需要延长工作时间的,在保障劳动者身体健康的条件下延长工作时间每日不得超过三小时,但是每月不得超过三十六小时。

有下列情形之一的,用人单位应当按照下列标准支付高于劳动者正常工作时间工资的工资报酬:①安排劳动者延长工作时间的,支付不低于工资的百分之一百五十的工资报酬;②休息日安排劳动者工作又不能安排补休的,支付不低于工资的百分之两百的工资报酬;③法定休假日安排劳动者工作的,支付不低于工资的百分之三百的工资报酬。

3.劳动安全卫生

用人单位必须建立、健全劳动安全卫生制度,严格执行国家劳动安全卫生规程和标准,对劳动者进行劳动安全卫生教育,防止劳动过程中的事故,减少职业危害。劳动安全卫生设施必须符合国家规定的标准。新建、改建、扩建工程的劳动安全卫生设施必须与主体工程同时设计、同时施工、同时投入生产和使用。

用人单位必须为劳动者提供符合国家规定的劳动安全卫生条件和必要的劳动防护用品,对从事有职业危害作业的劳动者应当定期进行健康检查。从事特种作业的劳动者必须经过专门培训并取得特种作业资格。劳动者对用人单位管理人员违章指挥、强令冒险作业,有权拒绝执行;对危害生命安全和身体健康的行为,有权提出批评、检举和控告。

4.劳动争议

劳动者与用人单位之间发生的下列纠纷,属于劳动争议,当事人不服劳动争议仲裁委员会做出的裁决,依法向人民法院起诉的,人民法院应当受理:①劳动者与用人单位在履行劳动合同过程中发生的纠纷;②劳动者与用人单位之间没有订立书面劳动合同,但已形成劳动关系后发生的纠纷;③劳动者退休后,与尚未参加社会保险统筹的原用人单位因追索养老金、医疗费、工伤保险待遇和其他社会保险费而发生的纠纷。下列纠纷不属于劳动争议:①劳动者请求社会保险经办机构发放社会保险金的纠纷;②劳动者与用人单位因住房制度改革产生的公有住房转让纠纷;③劳动者对劳动能力鉴定委员会的伤残等级鉴定结论或者对职业病诊断鉴定委员会的职业病诊断鉴定结论的异议纠纷;④家庭或者个人与家政服务人员之间的纠纷;⑤个体工匠与帮工、学徒之间的纠纷;⑥农村承包经营户与受雇人之间的纠纷。

用人单位与劳动者发生劳动争议,当事人可以依法申请调解、仲裁、提起诉讼,也可以协商解决。劳动争议发生后,当事人可以向本单位劳动争议调解委员会申请调解;调解不成且当事人一方要求仲裁的,可以向劳动争议仲裁委员会申请仲裁。当事人一方也可以直接向劳动争议仲裁委员会申请仲裁。对仲裁裁决不服的,可以向人民法院提起诉讼。劳动争议案件由用人单位所在地或者劳动合同履行地的基层人民法院管辖。劳动合同履行地不明确的,由用人单位所在地的基层人民法院管辖。

提出仲裁要求的一方应当自劳动争议发生之日起六十日内向劳动争议仲裁委员会提出书面申请。仲裁裁决一般应在收到仲裁申请的六十日内做出。对仲裁裁决无异议的,当事人必须履行。劳动争议当事人对仲裁裁决不服的,可以自收到仲裁裁决书之日起十五日内向人民法院提起诉讼。一方当事人在法定期限内不起诉又不履行仲裁裁决的,另一方当事人可以申请人民法院强制执行。

二 农民工相关法律问题

1.农民工劳动合同问题

(1)签订劳动合同

用人单位使用农民工,应当依法与农民工签订书面劳动合同,并向劳动保障行政部门进行用工备案。签订劳动合同应当遵循平等自愿、协商一致的原则,用人单位不得采取欺骗、威胁等手段与农民工签订劳动合同,不得在签订劳动合同时收取抵押金、风险金。

劳动合同必须由具备用工主体资格的用人单位与农民工本人直接签订,不得由他人代签。建筑领域工程项目部、项目经理、施工作业班组、包工头等不具备用工主体资格,不能作为用工主体与农民工签订劳动合同。

(2)劳动合同主要条款

用人单位与农民工签订劳动合同,应当包括以下条款:

第一,劳动合同期限。经双方协商一致,可以采取有固定期限、无固定期限或以完成一定的工作任务为期限三种形式。无固定期限劳动合同要明确劳动合同的终止条件。有固定期限的劳动合同,应当明确起始和终止时间。双方在劳动合同中可以约定试用期。劳动合同期限半年以内的,一般不约定试用期;劳动合同期限半年以上一年以内的,试用期不得超过三十日;劳动合同期限一年至两年的,试用期不得超过六十日;劳动合同期限两年以上的,试用期最多不得超过六个月。

第二,工作内容和工作时间。劳动合同中要明确农民工的工种、岗位和所从事工作的内容。工作时间要按照国家规定执行,法定节日应安排农民工休息。若需安排农民工加班或延长工作时间的,必须按规定支付加班工资。建筑业企业根据生产特点,按规定报劳动保障行政部门批准后,可对部分工种岗位实行综合计算工时工作制。

第三,劳动保护和劳动条件。用人单位要按照安全生产有关规定,为农民工提供必要的劳动安全保护及劳动条件。在农民工上岗前要对其进行安全生产教育。施工现场必须按国家建筑施工安全生产的规定,采取必要的安全措施。用人单位为农民工提供的宿舍、食堂、饮用水、洗浴、公厕等基本生活条件应达到安全、卫生的要求,其中建筑施工现场要符合《建筑施工现场环境与卫生标准》(JGJ146—2004)。

第四,劳动报酬。在劳动合同中要明确工资以货币形式按月支付,并约定支付的时间、标准和支付方式。用人单位根据行业特点，经过民主程序确定具体工资支付办法的，应在劳动合同中予以明确，但按月支付的工资不得低于当地政府规定的最低工资标准。已建立集体合同制度的单位，工资标准不得低于集体合同规定的工资标准。

第五，劳动纪律。在劳动合同中明确要求农民工遵守的用人单位有关规章制度，应当依法制定。用人单位应当在签订劳动合同前告知农民工。

第六，违反劳动合同的责任。劳动合同中应当约定违约责任，一方违反劳动合同给对方造成经济损失的，要按《中华人民共和国劳动法》等有关法律规定承担赔偿责任。

根据不同岗位的特点，用人单位与农民工协商一致，还可以在劳动合同中约定其他条款。

2.农民工工资支付问题

农民工有按时、足额获得工资的权利。任何单位和个人不得拖欠农民工工资。县级以上地方人民政府对本行政区域内保障农民工工资支付工作负责，建立保障农民工工资支付工作协调机制，加强监管能力建设，健全保障农民工工资支付工作目标责任制，并纳入对本级人民政府有关部门和下级人民政府进行考核和监督的内容。乡镇人民政府、街道办事处应当加强对拖欠农民工工资矛盾的排查和调处工作，防范和化解矛盾，及时调解纠纷。用人单位实行农民工劳动用工实名制管理，与招用的农民工书面约定或者通过依法制定的规章制度规定工资支付标准、支付时间、支付方式等内容。

(1)工资支付形式与周期

农民工工资应当以货币形式，通过银行转账或者现金支付给农民工本人，不得以实物或者有价证券等其他形式替代。用人单位应当按照与农民工书面约定或者依法制定的规章制度规定的工资支付周期和具体支付日期足额支付工资。实行月、周、日、小时工资制的，按照月、周、日、小时为周期支付工资；实行计件工资制的，工资支付周期由双方依法约定。用人单位与农民工书面约定或者依法制定的规章制度规定的具体支付日期，可以在农民工提供劳动的当期或者次期。具体支付日期遇法定节假日或者休息日的，应当在法定节假日或者休息日前支付。用人单位因不可抗力未能在支付日期支付工资的，应当在不可抗力消除后及时支付。

用人单位应当按照工资支付周期编制书面工资支付台账，并至少保存三年。书面工资支付台账应当包括用人单位名称、支付周期、支付日期、支付对象姓名、身份证号码、联系方式、工作时间、应发工资项目及数额，代扣、代缴、扣除项目和数额，实发工资数额，银行代发工资凭证或者农民工签字等内容。用人单位向农民工支付工资时，应当提供农民工本人的工资清单。

(2)工资清偿

用人单位拖欠农民工工资的，应当依法予以清偿。不具备合法经营资格的单位招用农民工，农民工已经付出劳动而未获得工资的，依照有关法律规定执行。用工单位使用个人、不具备合法经营资格的单位或者未依法取得劳务派遣许可证的单位派遣的农民工，拖欠农民工工资的，由用工单位清偿，并可以依法进行追偿。用人单位将工作任务发包给个人或者不具备合法经营资格的单位，导致拖欠所招用农民工工资的，依照有关法律规定执行。用人单位允许个人、不具备合法经营资格或者未取得相应资质的单位以用人单位的名义对外经营，导致拖欠所招用农民工工资的，由用人单位清偿，并可以依法进行追偿。合伙企业、个人独资企业、个体经济组织等用人单位拖欠农民工工资的，应当依法予以清偿；

不清偿的，由出资人依法清偿。用人单位合并或者分立时，应当在实施合并或者分立前依法清偿拖欠的农民工工资；经与农民工书面协商一致的，可以由合并或者分立后承继其权利和义务的用人单位清偿。用人单位被依法吊销营业执照或者登记证书、被责令关闭、被撤销或者依法解散的，应当在申请注销登记前依法清偿拖欠的农民工工资。未依据前款规定清偿农民工工资的用人单位主要出资人，应当在注册新用人单位前清偿拖欠的农民工工资。

（3）工程建设领域特别规定

建设单位与施工总承包单位依法订立书面工程施工合同，应当约定工程款计量周期、工程款进度结算办法以及人工费用拨付周期，并按照保障农民工工资按时足额支付的要求约定人工费用。人工费用拨付周期不得超过一个月。

施工总承包单位应当按照有关规定开设农民工工资专用账户，专项用于支付该工程建设项目农民工工资。开设、使用农民工工资专用账户有关资料应当由施工总承包单位妥善保存备查。

金融机构应当优化农民工工资专用账户开设服务流程，做好农民工工资专用账户的日常管理工作；发现资金未按约定拨付等情况的，及时通知施工总承包单位，由施工总承包单位报告人力资源社会保障行政部门和相关行业工程建设主管部门，并纳入欠薪预警系统。工程完工且未拖欠农民工工资的，施工总承包单位公示三十日后，可以申请注销农民工工资专用账户，账户内余额归施工总承包单位所有。

施工总承包单位或者分包单位应当依法与所招用的农民工订立劳动合同并进行用工实名登记，具备条件的行业应当通过相应的管理服务信息平台进行用工实名登记、管理。未与施工总承包单位或者分包单位订立劳动合同并进行用工实名登记的人员，不得进入项目现场施工。

施工总承包单位应当在工程项目部配备劳资专管员，对分包单位劳动用工实施监督管理，掌握施工现场用工、考勤、工资支付等情况，审核分包单位编制的农民工工资支付表，分包单位应当予以配合。施工总承包单位、分包单位应当建立用工管理台账，并保存至工程完工且工资全部结清后至少三年。

建设单位应当按照合同约定及时拨付工程款，并将人工费用及时足额拨付至农民工工资专用账户，加强对施工总承包单位按时足额支付农民工工资的监督。因建设单位未按照合同约定及时拨付工程款导致农民工工资拖欠的，建设单位应当以未结清的工程款为限先行垫付被拖欠的农民工工资。

建设单位应当以项目为单位建立保障农民工工资支付协调机制和工资拖欠预防机制，督促施工总承包单位加强劳动用工管理，妥善处理与农民工工资支付相关的矛盾纠纷。发生农民工集体讨薪事件的，建设单位应当会同施工总承包单位及时处理，并向项目所在地人力资源社会保障行政部门和相关行业工程建设主管部门报告有关情况。

分包单位对所招用农民工的实名制管理和工资支付负直接责任。施工总承包单位对分包单位劳动用工和工资发放等情况进行监督。分包单位拖欠农民工工资的，由施工总承包单位先行清偿，再依法进行追偿。工程建设项目转包，拖欠农民工工资的，由施工总承包单位先行清偿，再依法进行追偿。

工程建设领域推行分包单位农民工工资委托施工总承包单位代发制度。分包单位应当按月考核农民工工作量并编制工资支付表，经农民工本人签字确认后，与当月工程进度等情况一并交施工总承包单位。施工总承包单位根据分包单位编制的工资支付表，通过农民工工资专用账户直接将工资支付到农民工本人的银行账户，并向分包单位提供代发工资凭证。用于支付农民工工资的银行账户所绑定的农民工本人社会保障卡或者银行卡,用人单位或者其他人员不得以任何理由扣押或者变相扣押。

施工总承包单位应当按照有关规定存储工资保证金,专项用于支付为所承包工程提供劳动的农民工被拖欠的工资。工资保证金实行差异化存储办法,对一定时期内未发生工资拖欠的单位实行减免措施,对发生工资拖欠的单位适当提高存储比例。工资保证金可以用金融机构保函替代。工资保证金的存储比例、存储形式、减免措施等具体办法,由国务院人力资源社会保障行政部门会同有关部门制定。除法律另有规定外,农民工工资专用账户资金和工资保证金不得因支付为本项目提供劳动的农民工工资之外的原因被查封、冻结或者划拨。

施工总承包单位应当在施工现场醒目位置设立维权信息告示牌,明示下列事项:第一,建设单位、施工总承包单位及所在项目部、分包单位、相关行业工程建设主管部门、劳资专管员等基本信息;第二,当地最低工资标准、工资支付日期等基本信息;第三,相关行业工程建设主管部门和劳动保障监察投诉举报电话、劳动争议调解仲裁申请渠道、法律援助申请渠道、公共法律服务热线等信息。

建设单位与施工总承包单位或者承包单位与分包单位因工程数量、质量、造价等产生争议的,建设单位不得因争议不按照本条例第二十四条的规定拨付工程款中的人工费用,施工总承包单位也不得因争议不按照规定代发工资。

建设单位或者施工总承包单位将建设工程发包或者分包给个人或者不具备合法经营资格的单位,导致拖欠农民工工资的,由建设单位或者施工总承包单位清偿。施工单位允许其他单位和个人以施工单位的名义对外承揽建设工程,导致拖欠农民工工资的,由施工单位清偿。工程建设项目违反国土空间规划、工程建设等法律法规，导致拖欠农民工工资的，由建设单位清偿。

(4)拖欠农民工工资“黑名单”

用人单位存在下列情形之一的，人力资源社会保障行政部门应当自查处违法行为并做出行政处理或处罚决定之日起二十个工作日内，按照管辖权限将其列入拖欠工资“黑名单”。第一，克扣、无故拖欠农民工工资报酬，数额达到认定拒不支付劳动报酬罪数额标准的；第二，因拖欠农民工工资违法行为引发群体性事件、极端事件造成严重不良社会影响的。

将劳务违法分包、转包给不具备用工主体资格的组织和个人造成拖欠农民工工资且符合前款规定情形的，应将违法分包、转包单位及不具备用工主体资格的组织和个人一并列入拖欠工资“黑名单”。

第三节　农村社会保障法律制度

一　农村养老保险法律制度

我国2010年颁布并于2018年修订了《中华人民共和国社会保险法》，这是我国农村养老保险法的主要依据，但该法律对我国农村养老保险法的规定比较笼统，具有的制度依据主要是2014年国务院颁布的《国务院关于建立统一的城乡居民基本养老保险制度的意见》。本节将以《中华人民共和国社会保险法》为基础，以国务院的具有制度为依据来介绍我国的农村养老保险制度。

1.参保范围

年满16周岁（不含在校学生）非国家机关和事业单位工作人员及不

属于职工基本养老保险制度覆盖范围的城乡居民，可以在户籍地参加城乡居民养老保险。

2.基金筹集

城乡居民养老保险基金由个人缴费、集体补助、政府补贴构成。

（1）个人缴费。参加城乡居民养老保险的人员应当按规定缴纳养老保险费。缴费标准目前设为每年100元、200元、300元、400元、500元、600元、700元、800元、900元、1 000元、1 500元、2 000元12个档次，省（区、市）人民政府可以根据实际情况增设缴费档次，最高缴费档次标准原则上不超过当地灵活就业人员参加职工基本养老保险的年缴费额，并报人力资源社会保障部备案。人力资源社会保障部会同财政部依据城乡居民收入增长等情况适时调整缴费档次标准。参保人自主选择档次缴费，多缴多得。

根据《人力资源社会保障部 财政部关于建立城乡居民基本养老保险待遇确定和基础养老金正常调整机制的指导意见》（人社部发〔2018〕21号）精神，统筹考虑近年来城乡居民收入增长、物价变动和职工基本养老保险等保障标准调整情况，经党中央、国务院批准，决定自2018年1月1日起，全国城乡居民基本养老保险基础养老金最低标准提高至每人每月88元，即在原每人每月70元的基础上增加18元。提高标准所需资金，中央财政对中西部地区给予全额补助，对东部地区给予50%的补助。

（2）集体补助。有条件的村集体经济组织应当对参保人缴费给予补助，补助标准由村民委员会召开村民会议民主确定，鼓励有条件的社区将集体补助纳入社区公益事业资金筹集范围。鼓励其他社会经济组织、公益慈善组织、个人为参保人缴费提供资助。补助、资助金额不超过当地设定的最高缴费档次标准。

（3）政府补贴。政府对符合领取城乡居民养老保险待遇条件的参保人全额支付基础养老金，其中，中央财政对中西部地区按中央确定的基础养老金标准给予全额补助，对东部地区给予50%的补助。

地方人民政府应当对参保人缴费给予补贴，对选择最低档次标准缴费的，补贴标准不低于每人每年30元；对选择较高档次标准缴费的，适当增加补贴金额；对选择500元及以上档次标准缴费的，补贴标准不低于每人每年60元，具体标准和办法由省（区、市）人民政府确定。对重度残疾人等缴费困难群体，地方人民政府为其代缴部分或全部最低标准的养老保险费。

3.个人账户

国家为每个参保人员建立终身记录的养老保险个人账户，个人缴费、地方人民政府对参保人的缴费补贴、集体补助及其他社会经济组织、公益慈善组织、个人对参保人的缴费资助，全部记入个人账户。个人账户储存额按国家规定计息。

4.养老保险待遇及调整

城乡居民养老保险待遇由基础养老金和个人账户养老金构成，支付终身。

（1）基础养老金。中央确定基础养老金最低标准，建立基础养老金最低标准正常调整机制，根据经济发展和物价变动等情况，适时调整全国基础养老金最低标准。地方人民政府可以根据实际情况适当提高基础养老金标准；对长期缴费的，可适当加发基础养老金，提高和加发部分的资金由地方人民政府支出，具体办法由省（区、市）人民政府规定，并报人力资源社会保障部备案。

（2）个人账户养老金。个人账户养老金的月计发标准，目前为个人账户全部储存额除以139（与现行职工基本养老保险个人账户养老金计发系数相同）。参保人死亡，个人账户资金余额可以依法继承。

5.养老保险待遇领取条件

参加城乡居民养老保险的个人,年满60周岁、累计缴费满15年,且未领取国家规定的基本养老保障待遇的,可以按月领取城乡居民养老保险待遇。

城乡居民养老保险待遇领取人员死亡的,从次月起停止支付其养老金。有条件的地方人民政府可以结合本地实际探索建立丧葬补助金制度。社会保险经办机构应每年对城乡居民养老保险待遇领取人员进行核对;村(居)民委员会要协助社会保险经办机构开展工作,在行政村(社区)范围内对参保人待遇领取资格进行公示,并与职工基本养老保险待遇等领取记录进行比对,确保不重、不漏、不错。

二 农村医疗保险法律制度

我国的农村医疗保险制度主要是指新型农村合作医疗制度,即由政府组织、引导、支持,农民自愿参加,个人、集体和政府多方筹资,以大病统筹为主的农民医疗互助共济制度。该制度的主要法律依据是《中华人民共和国社会保险法》(2018年修订)、《国务院办公厅转发卫生部等部门关于建立新型农村合作医疗制度意见的通知》(2003年)和国家医保局、财政部、国家税务总局《关于做2020年城乡居民基本医疗保障工作的通知》(医保发〔2020〕24号)以及卫生部单独或联合相关部委发布的文件。

1.农村医疗保险的基金筹资

新型农村合作医疗制度实行个人缴费、集体扶持和政府资助相结合的筹资机制。农民个人每年的缴费标准不应低于10元,经济条件好的地区可相应提高缴费标准。乡镇企业职工(不含以农民家庭为单位参加新型农村合作医疗的人员)是否参加新型农村合作医疗由县级人民政府确定。有条件的乡村集体经济组织应对本地新型农村合作医疗制度给予适当扶持。扶持新型农村合作医疗的乡村集体经济组织类型、出资标准由县级人民政府确定，但集体出资部分不得向农民摊派。鼓励社会团体和个人资助新型农村合作医疗制度。

地方财政每年对参加新型农村合作医疗农民的资助不低于人均10元，具体补助标准和分级负担比例由省级人民政府确定。经济较发达的东部地区，地方各级财政可适当增加投入。从2003年起，中央财政每年通过专项转移支付对中西部地区除市区以外的参加新型农村合作医疗的农民按人均10元安排补助资金。

依据《关于提高2014年新型农村合作医疗和城镇居民基本医疗保险筹资标准的通知》，各级财政对新农合和居民医保人均补助标准在2013年的基础上提高40元，达到320元。其中：中央财政对原有120元的补助标准不变，对200元部分按照西部地区80%和中部地区60%的比例安排补助，对东部地区各省份分别按一定比例补助。农民和城镇居民个人缴费标准在2013年的基础上提高20元，全国平均个人缴费标准达到每人每年90元左右。个人缴费应在参保（合）时按年度一次性缴清。

国家医保局、财政部、国家税务总局《关于做好2020年城乡居民基本医疗保障工作的通知》医保发〔2020〕24号规定，2020年城乡居民基本医疗保险（以下简称居民医保）人均财政补助标准新增30元，达到每人每年不低于550元。中央财政按规定对地方实行分档补助，地方各级财政要按规定足额安排财政补助资金并及时拨付到位。原则上个人缴费标准同步提高30元，达到每人每年280元。

2.农村医疗保险的基金管理

农村合作医疗基金是由农民自愿缴纳、集体扶持、政府资助的民办公助社会性资金，要按照以收定支、收支平衡和公开、公平、公正的原则进行管理，必须专款专用、专户储存，不得挤占挪用。

农村合作医疗基金由农村合作医疗管理委员会及其经办机构进行管理。农村合作医疗经办机构应在管理委员会认定的国有商业银行设立农村合作医疗基金专用账户，确保基金的安全和完整，并建立健全农村合作医疗基金管理的规章制度，按照规定合理筹集、及时审核支付农村合作医疗基金。

农村合作医疗基金中农民个人缴费及乡村集体经济组织的扶持资金，原则上按年由农村合作医疗经办机构在乡(镇)设立的派出机构(人员)或委托有关机构收缴，存入农村合作医疗基金专用账户；地方财政支持资金，由地方各级财政部门根据参加新型农村合作医疗的实际人数，划拨到农村合作医疗基金专用账户；中央财政补助中西部地区新型农村合作医疗的专项资金，由财政部根据各地区参加新型农村合作医疗的实际人数和资金到位等情况核定，向省级财政划拨。中央和地方各级财政要确保补助资金及时、全额拨付到农村合作医疗基金专用账户，并通过新型农村合作医疗试点逐步完善补助资金的划拨办法，尽可能简化程序，易于操作。要结合财政国库管理制度改革和完善情况，逐步实现财政直接支付。关于新型农村合作医疗资金具体补助办法，财政部和卫生部于2008年联合制定了《新型农村合作医疗基金财务制度》，目前各级政府也已制定了一些具体的规定。

3.农村医疗保险的基金的待遇

法律规定，农村合作医疗基金主要补助参加新型农村合作医疗农民的大额医疗费用或住院医疗费用。同时，规定各省、自治区、直辖市要制订农村合作医疗报销基本药物目录。各县(市)要根据筹资总额，结合当地实际，科学合理地确定农村合作医疗基金的支付范围、支付标准和额度，确定常规性体检的具体检查项目和方式，防止农村合作医疗基金超支或过多结余。

巩固住院待遇水平，政策范围内住院费用支付比例达到70%。大病保险全面落实起付线降低并统一至居民人均可支配收入的一半，政策范围内支付比例提高到60%，鼓励有条件的地区探索取消封顶线。

三 农村最低生活保障法律制度

农村最低生活保障制度是我国农村社会救助法律制度之一，是国家运用掌握的资金、实物、服务，按照科学的工作方法，向农村中无生活来源、丧失工作能力者，以及向生活最低生活标准以下的个人和家庭实施的一种社会保障制度。我国的农村最低生活保障制度的主要法律依据包括《国务院关于在全国建立农村最低生活保障制度的通知》(2007年)、《财政部、民政部关于加强农村最低生活保障资金使用管理有关问题的通知》(2007年)、《国务院办公厅转发民政部等部门关于做好农村最低生活保障制度与扶贫开发政策有效衔接指导意见的通知》(2016年)和《民政部、统计局关于在脱贫攻坚中切实加强农村最低生活保障家庭经济状况评估认定工作的指导意见》(2019年)。

1.农村最低生活保障的标准和对象

农村最低生活保障标准由县级以上地方人民政府按照能够维持当地农村居民全年基本生活所必需的吃饭、穿衣、用水、用电等费用确定，并报上一级地方人民政府备案后公布执行。农村最低生活保障标准要随着当地生活必需品的价格变化和人民生活水平提高适时进行调整。

农村低保对象是家庭年人均纯收入低于当地农村最低生活保障标准的农村居民，主要是因病、因残、年老体弱、丧失劳动能力，以及生存条件恶劣等原因造成生活常年困难的农村居民。农村低保对象应实行动态管理，及时将符合条件的农村困难群众纳入低保范围，并根据其家庭经济状况的变化，及时按程序办理停发、减发或增发低保金手续，做到保障对象有进有出、补助水平有升有降。

2.农村最低生活保障的资金筹集

农村低保资金的筹集以地方为主，由地方各级民政部门提出资金需求，经同级财政部门审核后列入年度预算，报同级人民代表大会审批后执行。省级财政要加大投入，省与市、县（市、区）资金筹集比例由省级财政、民政部门报省级人民政府确定。地方各级财政部门要统筹考虑现有农村各项社会救助资金渠道，优化和调整支出结构，整合农村特困户定期定量救济等救助资金，不断加大财政投入。同时，各地要通过完善财税优惠政策，鼓励和引导社会力量提供捐赠和资助，多渠道筹集农村低保资金。

中央财政对财政困难地区给予适当补助，重点向贫困程度深、工作任务重的地区倾斜。中央财政补助资金按照公平、公正、透明和考核激励、“以奖代补”的原则，采用因素法进行测算和分配。主要因素包括各地区的农村贫困人口数、地方财力状况和各地实际保障人数等。中央财政补助资金每年的分配因素及权重，将根据各地农村低保工作开展情况进行适当调整。同时，为支持和鼓励地方落实责任，中央财政在对各地上年度资金筹集、保障人数、补助水平以及制度建设、规范操作、资金管理、社会化发放等工作予以考核的基础上，每年在分配农村低保补助资金时安排部分资金，对制度完善、管理规范、资金落实、工作效果好的地区给予一定奖励补助。

3.农村最低生活保障的资金申请、公示和发放

农村最低生活保障的管理既要严格规范，又要从农村实际出发，采取简便易行的方法，具体程序如下：

（1）申请、审核和审批。申请农村最低生活保障，一般由户主本人向户籍所在地的乡（镇）人民政府提出申请；村民委员会受乡（镇）人民政府

委托，也可受理申请。受乡（镇）人民政府委托，在村党组织的领导下，村民委员会对申请人开展家庭经济状况调查、组织村民会议或村民代表会议民主评议后提出初步意见，报乡（镇）人民政府；乡（镇）人民政府审核后，报县级人民政府民政部门审批。乡（镇）人民政府和县级人民政府民政部门要核查申请人的家庭收入，了解其家庭财产、劳动力状况和实际生活水平，并结合村民民主评议，提出审核、审批意见。在核算申请人的家庭收入时，申请人家庭按国家规定所获得的优待抚恤金、计划生育奖励与扶助金以及教育、见义勇为等方面的奖励性补助，一般不计入家庭收入，具体核算办法由地方人民政府确定。

（2）农村最低生活保障家庭收入评估认定方法。农村最低生活保障家庭收入是指家庭在规定期限内获得的全部现金及实物收入，包括工资性收入、经营净收入、财产净收入、转移净收入，以及其他应当计入家庭收入的项目。国家规定的优待抚恤金、计划生育奖励与扶助金、奖学金、见义勇为等奖励性补助，以及政府发放的各类社会救助款物等不计入家庭收入。中央确定的城乡居民基本养老保险基础养老金，“十三五”期间暂不计入家庭收入。

第一，工资性收入。工资性收入指就业人员通过各种途径得到的全部劳动报酬和各种福利并扣除必要的就业成本，包括因任职或者受雇而取得的工资、薪金、奖金、劳动分红、津贴、补贴，以及与任职或者受雇有关的其他所得等。工资性收入参照劳动合同认定；没有劳动合同的，通过调查就业和劳动报酬、各种福利收入认定，或根据社会保险、个人所得税、住房公积金的缴纳情况推算；对于无法推算实际工资收入的灵活就业人员，原则上按户籍地最低工资标准计算其工资收入，申请人申报收入高于户籍地最低工资标准的，以申报收入为准。

第二，经营净收入。经营净收入指从事生产经营及有偿服务活动所获得全部经营收入扣除经营费用、生产性固定资产折旧和生产税之后得到的收入。包括从事种植、养殖、采集及加工等农林牧渔业的生产收入，从事工业、建筑业、手工业、交通运输业、批发和零售贸易业、餐饮业、文教卫生业和社会服务业等经营及有偿服务活动的收入等。种植业收入以本地区同等作物的市场价格与实际产量推算；不能确定实际产量的，以当地去年同等作物平均产量推算。养殖业收入以本地区同等养殖品种市场价格与实际出栏数推算；不能确定实际出栏数的，以当地同行业去年平均产量推算。经营企业的，按照企业实际纯收入或实际缴纳税收基数综合认定；无法认定实际收入的，参考当地同行业、同规模企业平均收入和企业实际缴纳税收情况综合认定。其他情形按当地评估标准和方法推算。

第三，财产净收入。财产净收入指出让动产和不动产，或将动产和不动产交由其他机构、单位或个人使用并扣除相关费用之后得到的收入，包括储蓄存款利息、有价证券红利、储蓄性保险投资，以及其他股息和红利等收入，集体财产收入分红和其他动产收入，以及转租承包土地经营权、出租或者出让房产以及其他不动产收入等。出让、租赁等收入，参照双方签订的相关合法有效合同计算；个人不能提供相关合同或合同确定的收益明显低于市场平均收益的，参照当地同类资产出让、租赁的平均价格推算。储蓄存款利息、有价证券红利、储蓄性保险投资，以及其他股息和红利等按照金融机构提供的信息计算，集体财产收入分红按集体出具的分配记录计算。

第四，转移净收入。转移净收入指转移性收入扣减转移性支出之后的收入。其中，转移性收入指国家、机关企事业单位、社会组织对居民的各种经常性转移支付和居民之间的经常性收入转移，包括赡养（抚养、扶养）费、离退休金、失业保险金、遗属补助金、赔偿收入、接受捐赠（赠送）

收入等;转移性支出指居民对国家、企事业单位、社会组织、居民的经常性转移支出,包括缴纳的税款、各项社会保障支出、赡养支出以及其他经常转移支出等。转移性收入和转移性支出有实际发生数额凭证的,以凭证数额计算;有协议、裁判文书的,按照法律文书所规定的数额计算。赡养(抚养、扶养)费收入原则上按赡养(抚养、扶养)法律文书所规定的数额计算;无法律文书规定的,按赡养(抚养、扶养)义务人收入扣除户籍地最低生活保障标准之后的一定比例推算;赡养(抚养、扶养)义务人属于特困人员、最低生活保障对象、未脱贫建档立卡贫困人口、低收入家庭成员的,在计算转移净收入时不计入该赡养(抚养、扶养)义务人的赡养(抚养、扶养)费。

(3)农村最低生活保障家庭财产评估认定方法。农村最低生活保障家庭财产主要指农村最低生活保障家庭共同生活成员所拥有的不动产和动产情况。不动产主要包括家庭成员持有房屋、林木等定着物情况,按照不动产登记部门颁发的不动产产权证书的登记信息、相关购买信息和已在住房和城乡建设部门办理网签备案等信息认定。动产主要包括银行存款、证券、基金、商业保险、债权等金融资产以及市场主体、车辆等情况。银行存款按照最低生活保障家庭成员账户中的总金额认定,有条件的地方可参考一定时间内的账户流水情况综合评估;证券、基金等金融资产按照股票市值和资金账户余额或基金净值认定;商业保险按照保险合同约定的给付时间和现金价值认定;债权按照协议等文本信息认定。市场主体情况主要包括开办或投资企业、个体工商户、农民专业合作社等情况,按照市场监管部门登记信息确定。车辆主要包括机动车辆(不含残疾人功能性补偿代步机动车辆)、船舶、大型农机具等,按照公安、交通运输、农业等相关部门登记信息认定。对于维持家庭生产生活的必需财产,可以在认定时予以适当豁免。最低生活保障家庭财产的具体认定方法和豁免范围、标准等，由设区的市级以上地方人民政府确定。

(4)民主公示。村民委员会、乡(镇)人民政府以及县级人民政府民政部门要及时向社会公布有关信息，接受群众监督。公示的内容重点为最低生活保障对象的申请情况和对最低生活保障对象的民主评议意见，审核、审批意见，实际补助水平等情况。对公示没有异议的，要按程序及时落实申请人的最低生活保障待遇；对公示有异议的，要进行调查核实，认真处理。

(5)资金发放。最低生活保障金原则上按照申请人家庭年人均纯收入与保障标准的差额发放，也可以在核查申请人家庭收入的基础上，按照其家庭的困难程度和类别，分档发放。要加快推行国库集中支付方式，通过代理金融机构直接、及时地将最低生活保障金支付到最低生活保障对象的账户里。

4.关于巩固脱贫攻坚成果与乡村振兴政策有效衔接问题的思考

为深入贯彻落实党中央、国务院关于乡村振兴的重大战略部署，巩固拓展民政领域脱贫攻坚成果同乡村振兴有效衔接，农业农村法治建设还需在以下几个方面进一步完善相关法律制度。

(1)制定保持兜底保障政策制度。对脱贫人口中完全丧失劳动能力或部分丧失劳动能力且无法通过产业就业获得稳定收入的人口，依规纳入农村低保或特困人员救助供养范围，对符合条件的及时给予临时救助，做到应保尽保、应救尽救。

(2)健全农村低收入人口监测预警机制。健全多部门联动的防贫动态监测、风险预警、研判、处置和帮扶机制。

(3)完善分层分类的社会救助制度体系。全面推进社会救助审核确认权下放乡镇(街道)改革，简化社会救助申请程序。加强社会救助制度城乡统筹，农村特困人员在城镇供养机构供养的参照城市特困人员集中供养标准提高其供养水平。

(4)健全农村养老服务网络制度。加强公办乡镇敬老院改造提升工程项目建设,推动服务设施达标。建立县、乡、村相衔接的农村养老服务设施体系,指导发挥乡镇敬老院在满足特困人员集中供养需求的基础上,输出互助养老等服务。

(5)制定农村基层政权建设和社区治理实施细则。加强农村基层组织建设,进一步规范村级议事协商形式,村规民约实现全覆盖。